Als Natalie ging und sich mir das Tor zur jenseitigen
Welt öffnete.

Nicole Vaatstra

Über die Autorin

Nicole Vaatstra ist am 10. März 1970 in Thal SG in der Schweiz geboren. Schon als Kind träumte sie von weiten Sandstränden und Freiheit. Mit 17 Jahren absolvierte sie eine Berufslehre zur Klavierbauerin. Der Wunsch zu reisen liess sie aber nicht los. Im April 1992 erfüllte sie sich einen innigen Wunsch. Zusammen mit ihrem damaligen Freund und heutigen Ehemann bereiste sie für ein halbes Jahr Australien, Neuseeland und Teile der Südsee. Im August 1994 wurde sie stolzes Gotti (Patentante) von Natalie. Es folgten immer mal wieder verschiedenste Reisen unter anderem die dreimonatige Tour durch die USA. Im Jahr 1996 heiratete sie und im Juni 2000 erfüllte sich ein weiterer sehnlichster Wunsch. Sie wurde Mutter eines Jungen. Ziemlich genau fünfeinhalb Jahre später durften sie und ihr Mann das grosse Wunder nochmals erleben. Denn im Dezember 2005 kam ihre Tochter Colleen zur Welt.

Als Natalie ging und sich mir das Tor zur

jenseitigen Welt öffnete.

Eine wahre Geschichte die berühren aber auch
Mut zum Leben machen soll.

Bibliografische Information der Deutschen Nationalbibliothek:
Die Deutsche Nationalbibliothek verzeichnet diese Publikation in der Deutschen Nationalbibliografie; detaillierte bibliografische Daten sind im Internet über http://dnb.dnb.de abrufbar.

Herstellung BoD und Verlag – Books on Demand, Norderstedt

ISBN: 978-3-7519-7940-5

Es ist mit Worten nicht zu beschreiben, was es mit mir macht, wenn meine Schwester laut, ja schreiend weint, aus Sehnsucht nach ihrem geliebten Kind!

Medialität ist keine Hexerei

In der Mitte des Buches befinden sich Fotos von Natalie, auch ein Gedicht und eine Geschichte, die Natalie selbst geschrieben hat. Hinzu kommt ein „inspirierter" Text, in dem ich aufgeschrieben habe, was mir Natalie „mitteilte".

Eine kurze Einleitung

Dieses Buch, welches Sie liebe Leser gerade in Ihren Händen halten, liegt mir sehr am Herzen. Die Geschichte, die ich darin erzähle, hat meine Sicht auf das Leben komplett verändert. Der Beginn dieser Geschichte liegt nun über zwei Jahre zurück. Meine Familie und ich erlebten ein Trauma, ein Schicksalsschlag, für welches es keine Worte gibt. So auf jeden Fall erlebte ich es. In dieser Zeit begann aber mein neuer Weg. Da ich zu dieser Zeit kein Zeitgefühl mehr hatte und mir auch nicht immer alles notierte, ist es mir heute leider nicht möglich genaue Zeitangaben mehr zu geben, was aber eigentlich keine Rolle spielt. Denn mein Anliegen ist es, Menschen zu helfen, die ein ähnliches Schicksal erlebt haben.

Dies ist mein erstes Buch. Obwohl ich Legasthenikerin bin und von Bücherschreiben keine Ahnung habe, möchte ich mich darauf einlassen. Meine Geschichte soll nicht nur berühren, sondern aufrütteln, Mut machen, Kraft schenken und jedem einzelnen Leser gute Energie zukommen lassen, damit er sich auf seinen ganz persönlichen Weg begeben kann.

Kapitel 1
5. November 2017

Wir schreiben den 5. November 2017. Es ist Sonntagmorgen. Zu dem Zeitpunkt befindet sich meine geliebte Nichte Natalie in Australien. Seit knapp zehn Wochen lebt sie in Noosa ihren Traum. Sie besucht eine Sprachschule, in der sie einen Abschluss in Englisch machen möchte.

An diesem besagten Sonntagmorgen klingelte unser Telefon. Mein Mann Rick nahm den Anruf entgegen. Sein Gesicht verzehrte sich sogleich angsterfüllt und er streckte mir den Telefonhörer entgegen. Sein Kommentar lautete nur: „Deine Schwester". Ich nahm das Telefon und konnte meine Schwester sagen hören, dass Natalie einen schweren Unfall hatte. Sie liege auf der Intensivstation und sie sei nicht bei Bewusstsein. Die Ärzte könnten das Schlimmste nicht ausschliessen. Natalie sei während des Schwimmens in ihrem geliebten Ozean ertrunken. Ein zufällig anwesender Arzt habe sie zirka dreiviertel Stunden reanimiert, bis er endlich einen schwachen Puls feststellen konnte. Unter Schock sagte ich zu meiner Schwester Daniela, dass ich mich gleich zu ihr aufmache, denn sie und ihr Mann Hännes müssten so schnell wie möglich zum Flughafen und nach Australien reisen. Während ich meine Schuhe anzog, erzählte ich Rick vom Unglück und überliess ihn einfach seinen Gedanken. Ich fuhr so schnell wie möglich zu meiner Schwester. Vor lauter Tränen, Schock und Unverständnis sah ich die Strasse kaum, auf der ich fuhr und der Weg dauerte, so kam es mir vor, wie eine Ewigkeit. Als ich bei Daniela und Hännes eintraf, sah ich in angsterfüllte, von Schock

11

gezeichnete Gesichter. Es war der blanke Alptraum. Der Bruder von Hännes traf mit seiner Frau kurz nach mir ein und wir alle funktionierten nur noch. Hännes setzte sich mit dem EDA in Verbindung, fragte nach, wie er vorgehen sollte für die rasche Einreise nach Australien. Bei der Zollbehörde erklärten sie ihm, wie das mit dem Visum abläuft und dem provisorischen Reisepass. Der Bruder von Hännes sorgte dafür, dass alle wichtigen Papiere eingepackt wurden. In der Zwischenzeit kümmerte ich mich zusammen mit Daniela um das Einpacken der nötigsten Sachen. Daniela hatte zwischendurch einfach aufgehört zu atmen. Der Schock hat sie gelähmt und die Angst um ihre überallesgeliebte Tochter, hat sie total blockiert. Also habe ich begonnen mit ihr zu atmen. Fast so wie bei einer Geburt, in der die Gebärende im Schmerz der Wehen auch oft das Atmen nicht mehr kontrollieren kann. Ich setzte Daniela auf die Bettkannte und atmete mit ihr in gleichmässigen Zügen. So fand sie dann wieder ihren Rhythmus. Als wir merkten, dass sie keine geeigneten Koffer besitzen, machte ich mich auf zu unseren Eltern, die ganz in der Nähe wohnen. Als ich bei meinen Eltern ankam, zeigte sich mir das gleiche Bild wie schon bei Daniela und Hännes. Blanker Schock! Ich nahm den Koffer und gleich auch meine Eltern mit ins Auto und fuhr schnellstmöglich zurück zu Daniela. Dort angelangt, packte ich nach kurzem nachfragen, Kleider ein, die wie ich dachte, bequem wären und Sinn machten. Ich fragte Daniela nach wichtigen Medikamenten, die Hännes regelmässig einnehmen muss und kurz danach ging es in Richtung Flughafen. Da der Bruder von Hännes zum Flughafen fuhr und ich auch auf Wunsch meiner Schwester mitfuhr, musste Rick unser Auto abholen. Wir organisierten, dass seine Mutter, also meine Schwiegermutter, ihn bei uns Zuhause abholte und zum Auto brachte. So konnte Rick auch gleich meine vor Schmerz und Angst erfüllten Eltern nach Hause bringen. Anschliessend fuhr er wieder zu unseren Kindern Jannik 17 Jahre und Colleen 11 Jahre. In dieser so schlimmen Zeit, konnte ich nicht bei ihnen sein. Was genau in diesem Moment in ihnen vorging, werden wir nie genau erfahren. Sie wurden damit konfrontiert, dass sie vielleicht ihre einzige Cousine Natalie 23 Jahre für immer verlieren könnten.

Am Flughafen angelangt, suchten wir zuerst die Flughafenpolizeistation auf. Dort wurde Daniela und Hännes ein provisorischer Reisepass ausgestellt. Anschliessend mussten wir zum Desk der Fluggesellschaft Emirates, wo ihnen ein provisorisches Visum ausgestellt wurde und gleichzeitig die Flüge gebucht wurden, die sogleich bezahlt werden mussten. Danach standen wir in der Schlange, um einzuchecken. Zum Glück durften Daniela und Hännes am First-class Schalter anstehen. Das ging dann wesentlich schneller. Als alles erledigt war, gingen wir wie in Trance oder wir Zombies durch die Flughafenhallen bis zum Zoll. Dort mussten wir uns verabschieden. Es brach mir das Herz, meine Schwester und meinen Schwager so ziehen zu lassen. Nicht zu wissen, was sie antreffen werden, welchem Schicksal sie in die Augen sehen müssen. Wir „Zurückgebliebenen" mussten uns zuerst einmal etwas sammeln. Hännes Bruder, seine Frau und ich blieben schmerzerfüllt, ohnmächtig und machtlos zurück. Wir tranken noch einen Kaffee, um uns ein wenig unserer Emotionen Herr zu werden, bevor wir uns auf den Rückweg machten. Als ich Zuhause alles erzählt und erklärt hatte, war jeder einzelne von uns in seinem eigenen Schockzustand. Wir konnten nicht fassen, was da gerade passierte. Wir waren gelähmt, nichts ging mehr. Ich loggte mich in den Flight-Tracker ein, suchte anhand der Flugnummer das Flugzeug, in dem meine geliebte Schwester und mein Schwager sassen. Den ganzen Flug über begleitete ich die Beiden via Computerbildschirm am Live-Flight-Tracker, auf ihrem Weg in ihr ungewisses Schicksal. Ich habe begonnen in Gedanken mit Natalie zu sprechen, habe ihr immer wieder gesagt, dass ihre Mum und ihr Dad auf dem Weg zu ihr seien, habe ihr erzählt, wie sehr wir uns alle auf sie freuen und wie sehr wir sie liebhaben. Den ganzen Tag über und beinahe die ganze Nacht wachte ich über dem Computer und verfolgte den Flug. Als Daniela und Hännes dann endlich gelandet waren, war ich mit voller Hoffnung gefüllt. Ich dachte, jetzt wird alles gut. Jetzt sind die drei wieder zusammen und Natalie wacht wieder auf. Was aber wirklich geschah, war ein nicht enden wollender Albtraum. Natalies Körper war absolut heil, sogar ihre inneren Organe erholten sich vom Sauerstoffmangel. Aber ihr Gehirn konnte sich nicht mehr regenerieren. Es begann ein schmerzerfüllter, kräftezerrender, herzzerreissender Leidensweg für Natalies Eltern, Daniela und Hännes. Wir, hier in der Schweiz, konnten nichts tun, ausser auf Nachrichten zu warten, welche wir nur über WhatsApp erhielten. Daniela und Hännes richteten einen Familienchat ein, zu dem die ganze Familie Zugang hatte. In diesem Chat haben sie uns dann auch gebeten, Sprachnachrichten für Natalie zu schicken. Die Hoffnung war, dass vielleicht vertraute Stimmen, Natalie wieder zum Aufwachen animieren könnten. Also begannen wir Sprachnachrichten auf-zuzeichnen, in denen wir versuchten, Natalie fürs

14

Leben zu motivieren. Diese Aufnahmen spielten dann die Eltern Natalie vor. Zwei qualvolle Wochen vergingen. Eine niederschmetternde Nachricht nach der andern erreichte uns. Alles war im Ausnahmezustand. Wir konnten nicht mehr klar denken. Unser aller Leben wurde aus den Fugen katapultiert. Trotz allem Schrecklichen musste das Leben weitergehen. Unser Sohn Jannik stand mitten in seiner Berufsausbildung und unsere Tochter Colleen stand vor dem Übertritt in die Oberstufe. In dieser so schwierigen Zeit war für mich der älteste Bruder von Hännes enorm wichtig. Er war wie ein Fels in der Brandung. Durch das er Hännes so gut einschätzen konnte, sprach ich vieles mit ihm ab, bevor ich handelte oder etwas ins WhatsApp schrieb. Wir alle wollten für Daniela und Hännes eine Stütze sein und sie nicht noch mehr belasten, als sie ohnehin schon waren. Uns war bewusst, dass alles was „nur lieb gemeint" war, manchmal eher belastend daherkommt. Obwohl Daniela, Hännes und Natalie uns allen mehr als wichtig sind und wir die drei über alles lieben, konnten wir nicht mal erahnen, was diese schreckliche Zeit mit ihnen machte. Nach zwei Wochen hoffen, beten und bangen, meinten die Ärzte, sie könnten nicht mehr tun als abzuwarten. Somit entschieden sich Daniela und Hännes, Natalie nach Hause in die Schweiz zu bringen. Alles wurde in die Wege geleitet. Weil Natalie eine Rückführungsversicherung abgeschlossen hatte, wurde dies erst überhaupt möglich. Es wurde ein Datum festgelegt, dann wieder verschoben, weil der Gesundheitszustand von Natalie wieder instabil wurde. Nachdem die Ärzte dann endlich einwilligten, wurde Natalie durch einen sechsundzwanzig- stündigen Flug mit der Rega, nach Zürich geflogen. Am Anfang war noch nicht klar, ob die

15

Eltern im Rega- Jet mitfliegen könnten, ob genug Platz vorhanden sein würde. Zum Glück war dies aber kein Problem und Daniela und Hännes konnten wenigstens an Natalies Seite sein. Vom Flughafen Zürich aus, wurde Natalie dann mit dem Krankenwagen ins Kantonsspital St. Gallen gebracht. Nun konnten die ganze Familie und ihre Freundinnen Natalie besuchen. Wir gaben nicht auf, wir alle konnten nicht glauben, was geschehen war. Wir alle, insbesondere Daniela und Hännes, versuchten alles, um Natalie aus dem Wachkoma, in dem sie sich mittlerweile befand, aufzuwecken. Es gab immer wieder Momente, in denen unsere Hoffnung wuchs. Momente, in denen wir glaubten, dass Natalies Augen den Stimmen folgten, wenn wir miteinander sprachen. Oder wenn wir dachten, sie weine, weil Tränen aus ihren Augen kullerten. Oder wenn sie kurz mit dem Arm zuckte. Die Ärzte jedoch erklärten...das mit den Augen wäre nicht möglich, das mit den Tränen sei wegen der Augentropfen, die von Pflegern verabreicht wurden damit die Augen nicht austrockneten und das Zucken seien Reflexe. Nach zwei unsäglich traurigen Wochen, in denen die Ärzte keine Veränderungen im Gehirn feststellen konnten, entschieden sich Daniela und Hännes für den Weg der Liebe. Sie willigten ein, den palliativen Weg zu gehen und somit Natalie ziehen zu lassen. Sie brachten es nicht übers Herz, nur aus egoistischen Gründen Natalie einfach am Leben zu erhalten. Nur damit sie ihre geliebte Tochter noch hier auf Erden hätten. Sie hätten auch die Möglichkeit gehabt, Natalie in ein Pflegeheim für Wachkomapatienten zu verlegen. Den mit Worten nicht zu beschreiben schweren Entscheid, den Daniela und Hännes gefällt hatten, war nur zu Gunsten von Natalie. Der Gedanke, dass

Natalie für unzählige Jahre nur da liegen müsste, ohne Aussicht auf Besserung, war nicht aus zu halten. Sie wollten ihrem über alles geliebten Schatz diesen Leidensweg ersparen. Also entschieden sie sich für den für sie selbst schmerzvollsten Weg. Sie gaben die Seele ihrer Tochter frei.

Kapitel 2
Als Natalie ging

Jeder hatte im Stillen noch Hoffnung, dass ein Wunder geschehen könnte. Dass Natalie auf einmal doch noch ihre lieben, schönen Augen öffnet und sich für das Leben hier auf Erden entscheidet. Am 30. November um 12.00 Uhr mittags kam das erschütternde WhatsApp. Natalie ist für immer eingeschlafen. Ich war mit Colleen allein Zuhause. Wir haben uns in die Arme geschlossen und geweint. Wir konnten es nicht fassen, der Schmerz war so unbeschreiblich gross. Plötzlich schoss mir aber mit Schrecken durch den Kopf, Jannik liest diese Nachricht auf der Arbeit in der Mittagspause und musste ganz allein damit klarkommen! Ich rief ihn sogleich an und fragte ihn, ob er nicht nach Hause kommen möchte. Er verneinte, er gab der Trauer keinen Raum, er wollte einfach nur arbeiten. Auch Colleen wollte nicht zuhause bleiben. Sie wollte in die Schule, das lenke ab. Also blieb ich allein zuhause. Ich musste an meine Schwester und Hännes denken, die gerade jetzt durch die Hölle gingen. Sie hatten ihr Allerliebstes verloren. Nichts und niemand konnte ihnen in diesem Moment helfen. Etwas Schlimmeres gibt es nicht. Alles wirkte still und kalt. Ich fühlte mich taub und leer. Atmen fiel mir schwer und ich schnappte buchstäblich nach Luft. Der Schmerz zerriss mir mein Herz. Die Ohnmacht und Hilflosigkeit zermürbten meine Gedanken und ich befand mich am Rande des Wahnsinns. Dabei dachte ich immer wieder an meine geliebte Schwester und meinen Schwager. Wie um Himmels Willen musste es ihnen ergehen, wenn ich schon nicht klar kam mit dieser schrecklichen Situation. Und wie musste es meinen Eltern ergehen, sie hatten ihre Enkelin verloren und gleichzeitig einen Teil ihrer eigenen Tochter. Denn ihnen war bewusst, Daniela wird nie mehr so sein, wie sie vorher war. Wir waren allesamt unter Schock. Eigentlich befanden wir uns seit dem 5. November konstant in diesem Schockzustand.

Wir waren doch gerade eben noch voller Hoffnung, dass ein Wunder geschehen möge und dann diese schreckliche Tatsache, dass Natalie für immer eingeschlafen ist. Uns allen fehlten die Worte. Stille legte sich auf jeden einzelnen der Familie. Schweigen breitete sich aus.

Für Daniela und Hännes war klar, Natalie sollte kremiert werden und sie sollte nicht auf einem Friedhof beigesetzt werden. Sie wollten Natalie zurück ins Meer bringen. Dorthin, wo sie zum ersten Mal gestorben ist. Natalie liebte das Meer, den Ozean mit all seinen Bewohnern. Also war es klar, Natalie muss zurück ins Wasser. Wie in einem Albtraum setzten Daniela und Hännes eine Todesanzeige zusammen und machten sich Gedanken darüber, wie sie die Abdankungsfeier ihrer geliebten Tochter ausrichten konnten. Eine kirchliche Feier kam für sie beide nicht in Frage, da sich Natalie ganz bewusst dazu entschieden hatte, aus der Kirche auszutreten. Sie brauchte die Kirche nicht um zu glauben, Natalie lebte ihren Glauben. Sie hatte schon damals das Wissen, dass nicht die Religion den Glauben ausmacht, sondern der Glaube an sich ist Religion. Hännes wurde ein Saal im Rathaus, wo er arbeitet, angeboten. Der Saal war gross genug und nur über einen Personenlift mittels passendem Schlüssel zu erreichen. Somit hatten sie die ideale Location gefunden. Am 9. Dezember half ich den Saal einzurichten. Vorne, auf zusammengeschobenen Tischen, drapierten wir die Urne. Die Urne erinnert an Wasser, mit Verzierungen wie Wellen. Um die Urne herum streuten wir Sand aus Australien, den Rick und ich von unserer Australienreise her noch hatten und setzten Muscheln in den Sand, so sah es aus wie am Strand. Wir stellten Engel auf und überall mit Sand gefüllte Gläser in denen Kerzen brannten. Für Daniela und Hännes war es sehr wichtig, dass es nicht nur ein Saal blieb, sondern ein Raum der Wärme und Liebe ausstrahlte. So, wie Natalie das auch immer getan hat....

Ich möchte hier nicht weiter ins Detail gehen, denn ich denke, es ist nicht nötig zu sagen, dass diese schwere Zeit mit Worten nicht zu beschreiben ist.

Auf jeden Fall wurde es nicht einfacher, nachdem die Abdankungsfeier vorbei war. Es wurde ruhiger. Jetzt erst begann der schwerste Prozess der Trauer. Nämlich das weiter leben ohne Natalie. In diesen ersten so schwierigen Wochen fragte mich meine Schwester immer wieder, wo denn jetzt ihre geliebte Maus sei. Sie wollte wissen, wo sie ist und ob es ihr gut ging. In dieser Zeit war ich mal zu Besuch bei der Schwägerin meiner Schwester. Dort drückte mir die Schwägerin eine Adresse von einem Medium in die Hand. Sie meinte, vielleicht könnte es ja Daniela helfen. Ich war etwas erstaunt, aber nahm die Adresse sehr gerne an mich. Ich erzählte Daniela davon, aber sie war sich nicht sicher, ob es gut für sie wäre. Ich versprach ihr aber, dass ich diesen Herrn mal anrufen würde, um heraus zu finden, was für ein Mensch er ist.

Kapitel 3
Jenseitskontakte...gibt es dies?

Ich rief also diesen Herrn, der von sich sagt, ein Medium zu sein, an. Er war überaus nett und sprach mit einer angenehm ruhigen Stimme. Ich erzählte ihm ein bisschen von unserer Situation und fragte ihn, ob er bereit wäre, einen Kontakt für meine Schwester zu machen. Der Herr meinte, er habe ein gutes Gefühl und er denke, dass dies sehr wohl möglich wäre, sofern meine Schwester dies möchte und bereit dazu sei. Es sei aber nicht zwingend, dass der Kontakt sofort geschehen müsse, es pressiere überhaupt nicht. Er gab mir zu verstehen, dass meine Schwester auch in zwei Jahren vorbeikommen könne. Es sei nicht von der Zeit abhängig. Viel wichtiger sei, dass meine Schwester bereit dazu sei. Das Telefonat überraschte mich sehr positiv. Dieses Medium wohnt und arbeitet aber nicht in der Schweiz, was absolut kein Problem darstellte, dennoch dachte ich für mich, es müsste doch auch in der Schweiz so jemanden geben. Als ich mich dann via Internet umsah, stiess ich auf den Namen Pascal Voggenhuber. Ich las dann einiges über ihn und sah mir einige Videos auf YouTube an. Als ich mit meiner Schwester telefonierte und ihr alles erzählte, meinte sie, sie hätte, so glaube sie, ein Buch von diesem Pascal im Bücherregal. Sie schaute gleich nach. Tatsächlich war sie im Besitz eines Buches von Pascal. Es war das Buch „Entdecke deinen Geistführer". Bei der nächsten Gelegenheit holte ich mir das besagte Buch und verschlang es. Dieses Buch überraschte mich einerseits und doch wieder nicht. Aber es rüttelte mich auf und weckte meinen Hunger nach Wissen.

Es faszinierte mich so sehr und ich wollte unbedingt mehr über die geistige Welt erfahren. In dieser Zeit wurde ich ein sogenannter Stammkunde bei der Buchhandlung Rösslitor in St. Gallen. Ich kaufte mir noch etliche andere Bücher von Pascal Voggenhuber. Ein weiteres Buch, welches ich kaum weglegen konnte, war von Dr. Joe Dispenza mit dem Titel „Werde Übernatürlich". Ich verschlang Buch um Buch zu Themen wie Selbstheilung, Sensitivität, Aura Readings und natürlich Jenseitskontakte. Ich muss dazu sagen, dass ich mir zu diesem Zeitpunkt nicht wirklich etwas unter den Begriffen Medialität oder Sensitivität vorstellen konnte. Nicht mal der Überbegriff Spiritualität sagte mir etwas.

Klar, als Kind habe ich schon mit meinen Eltern, also hauptsächlich mit meiner Mutter über den Glauben an sich diskutiert oder Fragen gestellt, wie zum Beispiel: was ist nach dem Tod? Als Jugendliche philosophierte ich auch gerne mit meiner damaligen Schulfreundin über „Geister" oder „Engel" oder was kommt, nachdem wir gestorben sind? Einmal versuchten wir es mit Gläser rücken und zu unserem Erstaunen bewegte sich das Glas tatsächlich. Leider erschraken wir dann so entsetzlich, dass wir anfingen zu schreien und meine Mutter in mein damaliges Kinderzimmer stürmte, den Rollladen öffnete und uns heftig die Leviten las. Auch hatte ich ab und an so Vorahnungen von Geschehnissen, die dann auch wirklich eintrafen. So sah ich zum Beispiel in einem Traum einen Motorradunfall meiner Schwester voraus, der sich aber zum Glück nicht so dramatisch ereignete, wie ich ihn in meinem Traum gesehen hatte. Aber der Unfall fand genau an der betreffenden Stelle statt, von der ich geträumt hatte. Oder ich hatte immer und immer wieder den gleichen Traum, in dem ich eine Person in einer Bucht schwimmen sah, umzingelt von Haien. Im Traum war mir bewusst, dass diese Person in Gefahr war, aber ich wusste nicht, um wen es sich handelte. Als mir dann jemand, den ich sehr lieb hatte eingestand, dass er heroinabhängig sei und sich für längere Zeit verabschiede, um einen Entzug durchzumachen, hörte dieser Traum auf. Auch noch etwas weiteres ist, was eigentlich jeder Mensch hat, wenn ich einen Raum, einen Ort betrete, spüre ich sofort, ob ich erwünscht bin oder eben nicht. Nur, wie ich gerade sagte, ich spürte, aber ich handelte nicht danach. Also habe ich schon als Kind und in jungen Jahren mein sogenanntes Bauchgefühl gut wahrgenommen. Leider aber habe ich es oft nicht ernst genommen oder gar als Einbildung abgetan.

Umso mehr war ich fasziniert von dem, was ich da zu lesen fand und konnte nicht glauben, dass uns, der ganzen Menschheit so etwas Grossartiges verschwiegen wurde und leider grösstenteils noch immer verschwiegen wird. Wir sind nicht ein Körper mit Geist und Seele, sondern Geist und Seele in einem Körper. Das ist ein sehr grosser Unterschied.

Nun weiter! Also, ich las in diesen vielen Büchern und eines Abends sagte ich zu meinem Mann Rick, dass ich mal ins Schlafzimmer gehe um zu versuchen, mit Natalie in Kontakt zu treten. Rick sah mich mit erstaunten Augen an und wünschte mir gutes Gelingen. Ich setzte mich aufs Bett und bat Natalie zu mir. Sehr schnell verspürte ich eine Energie, die an meinem Körper zog wie ein Magnet. Ich war zuerst sprachlos, konnte nicht glauben, was ich da fühlte. Es war so viel Liebe und Wärme da. Nachdem ich mich wieder ein wenig gefasst hatte, fragte ich, ob sie Natalie sei. Ich hörte nichts, konnte meine

Gefühle nicht deuten. Also dachte ich mir eine Strategie aus. Die wie folgt aussah. Ich stellte eine Frage, die mit Ja oder Nein zu beantworten war. Also fragte ich zum Beispiel diese Energie ob sie Natalie sei und wenn ja, solle sie bitte rechts von mir Platz nehmen. Links wäre dann nein. Es klappte hervorragend! Ich war sehr erstaunt und zugleich zutiefst traurig. Natalie war die ganze Zeit bei uns, nur besitzt sie keinen Körper mehr. Ich fragte sie dann auf die gleiche Weise, ob es ihr gut gehe und ob es für sie okay sei, dass ich sie zu mir gebeten habe. Am Schluss unseres Gespräches bat ich sie darum, vor mich hin zu sitzen und ihre Hände in meine zu legen, damit wir das Vaterunser beten konnten. Während wir beteten, spürte ich ihre Energie vor mir und meine Hände wurden ganz warm. Mir schossen die Tränen in die Augen und ich war so unendlich dankbar zu wissen, dass es Natalie gut ging und sie nach wie vor bei uns ist. Nachdem ich mich von Natalie verabschiedet hatte, ging ich sofort zu Rick und berichtete ihm, was ich soeben erlebt hatte. Er belächelte mich nicht und er hinterfragte nicht. Er freute sich mit mir und befand es als gut. Natürlich teilte ich meine Erfahrung mit Daniela. Sie war ausser sich vor Freude und gleichzeitig erfüllt von tiefer Trauer. Sie gab mir Fragen auf, die ich Natalie stellen sollte.

Nach der ersten Freude kamen dann bei mir aber schon sehr bald die ersten Selbstzweifel auf. Ich begann mich zu fragen, was ich da spürte. Ist das wirklich unsere Natalie? Verstehe ich ihre Antworten richtig? Mache ich mir hier nur etwas vor? Ist das nur mein Wunschdenken? Ich wollte ja nicht Unwahrheiten an meine Schwester weitergeben. Das einzige was mich antrieb, war ihr zu helfen, mit diesem immensen Verlust irgendwie klar zu kommen.

Also begann ich mich selbst beziehungsweise meine Wahrnehmung zu testen. Anders gesagt, ich begann zu experimentieren. Ich stellte Natalie Fragen wie, was macht dein Dad oder deine Mum gerade. Oder wenn sie an Werktagen über Mittag bei Hännes also ihrem Dad war, fragte ich, was er zu Mittag ass. Dann fragte ich zum Beispiel, ob ihr Dad in einem Restaurant war in seiner Mittagspause, oder ob er sich etwas vom Takeaway holte, ob er kalt oder warm gegessen hat und so weiter. Immer mit der gleichen Vorgehensweise. War die Energie von Natalie rechts zu spüren, war es ein Ja, spürte ich die Energie links, so hiess dies Nein, blieb die Energie stehen also hinter mir, war dies einem weiss nicht zuzuordnen. Nach jeder Sitzung überprüfte ich meine Antworten, indem ich Daniela oder Hännes anrief. Die meisten Antworten, die ich von Natalie erhielt, bewahrheiteten sich. Somit habe ich mir selbst bewiesen, dass es möglich ist mit Verstorbenen zu kommunizieren, also Jenseitskontakte sind möglich. Wow!

In dieser Zeit befand sich meine Schwester, aber auch mein Schwager immer mehr auf dem Rückzug vom Leben. So brach jeglicher Kontakt zu ihren Freunden und teilweise sogar zu ihren Familien ab. Es wurde für mich zur Normalität, mit meiner Schwester zusammen zu sein, sei es, indem sie zu mir nach Hause kam oder wir stundenlange Telefongespräche führten. Für meine Tochter war es mittlerweile Alltag, dass meine Schwester mit am Mittagstisch sass oder dass ich den Telefonhörer in der Hand hielt, wenn sie von der Schule nach Hause kam. Das Schöne aber war, dass sie sich nie darüber beklagte. Dafür, dass meine Tochter Colleen mir nie Vorwürfe deswegen gemacht hat und für ihr immenses Verständnis dieser so schwierigen Situation, bin ich ihr unendlich dankbar. Daniela sprach hauptsächlich mit mir. Auf diese Weise wusste wenigstens ich, wie es den Eltern von Natalie in dieser so schweren Zeit ging. Wir weinten, redeten, trauerten und schwiegen miteinander. Indem wir zwei die gleichen Bücher lasen, uns für die gleichen Themen interessierten, hatte ich das grosse Glück, den Zugang zu meiner Schwester zu bekommen und zu halten. Dies hat sich bis heute nicht verändert, was ich als riesiges Geschenk betrachte und mich mit sehr viel Dankbarkeit erfüllt.

Seit etlichen Jahren besuchte meine Schwester den Yogaunterricht. Für sie war Yoga noch nie ein Sport, sondern eine Lebenseistellung, ihre Lebensphilosophie. Daniela besuchte natürlich den Yoga Unterricht ab dem 5. November 2017 für eine lange Zeit nicht mehr. Als sie nach einer geraumen Zeit versuchte, am Unterricht wieder teilzunehmen, brach sie aber jeweils frühzeitig ab und verliess den Raum. Oftmals spielte leise im Hintergrund eine feine Melodie während der Lektionen. Aber Hauptsächlich kam meine Schwester nicht klar mit den Erinnerungen, Gefühlen und Emotionen die das Yoga bei ihr auslösten. Da mir aber bewusst war, wie wichtig dieser Schritt für sie war, begleitete ich meine Schwester zu einigen Lektionen. Auf diese Weise konnte ich ihr helfen, den für sie so wichtigen Wiedereinstieg zu finden und somit erlangte sie ein Stück Halt zurück, wenn auch nur ein klitzekleiner. Dieser Halt aber baute sie noch mehr für sich aus und heute ist sie an einem Punkt angelangt, an dem sie sich mit Yoga die nötige Kraft holt und auch weitergeben kann. Auch hatte sie sich, als Natalie noch ein Kind war, mit Schüssler Salzen und zum Teil mit

Homöopathie beschäftigt. Dieses Wissen, welches sie über mehrere Jahre angeeignet hatte, baute sie zudem auch noch mehr aus. Diese waren und sind es noch immer, auch Themen, über die wir oft und gerne gesprochen haben, respektive noch immer sprechen.

Durch mein wiedererlangtes Bedürfnis nach Wissen wer oder was wir sind und zu was wir fähig sind, ging uns der Gesprächsstoff nie aus. Dieses Reden über „unsere Themen", so wie wir es immer genannt haben, half Daniela, trotz des immensen Verlustes ihrer geliebten Tochter, weiter zu machen und weiter am Leben zu bleiben. Das ist etwas, was viele, ja sogar einige Familienmitglieder, nicht erkennen oder verstehen konnten und so wie ich glaube, bis heute nicht verstehen. Was mich und meine so sehr geliebte Schwester verbindet, ist tief, ganz tief in uns drin. Es ist ein Geschenk, welches durch den so unendlich traurigen Verlust von ihrem Kind und meinem Patenkind zum Vorschein kam.

Kapitel 4
Lesen, Lesen, Lesen

Meine Schwester und ich lasen weiter in Büchern, hörten uns Vorträge im Internet an und ich übte weiter an den Kontakten zur, beziehungsweise, mit der geistigen Welt. Mich befriedigte dann irgendwann die Art und Weise nicht mehr, wie ich zu meinen Antworten kam. Nur die Möglichkeit zu haben, Fragen zu stellen, die mit Ja oder Nein beantwortet werden können, genügte mir nicht mehr. Ich wusste, da gibt es noch mehr! Daniela und Hännes baten Natalie auch immer wieder um Zeichen. Zeichen, um uns zu beweisen, dass sie wirklich da ist. Sie kauften sich ein Pendel, das über einem Sandbecken aufgehängt wird. Solche Pendel findet man in manchen speziellen Museen oder Ausstellungen. Wenn man dem Pendel einen Schubs gibt, zeichnet er ein schönes, gleichmässiges Muster in den Sand. Also bestellten sie sich so eine Pendelvorrichtung und stellten sie an einem geschützten Ort im Wohnzimmer auf. Immer wieder richteten sie ihren Blick darauf, aber da war kein Muster, nichts bewegte sich. Eines Tages aber, Hännes war gerade am Staubsaugen, da geschah das Unglaubliche! Gerade eben war da nichts im Sand und kurze Zeit danach war auf wundersame Weise ein Muster im Sand. Das Muster sah aus wie ein Schmetterling. Daniela und Hännes konnten es nicht fassen. Sie rief mich an, erzählte mir, was gerade geschehen war und sagte, ich solle doch bitte Natalie fragen, ob sie das war. Natürlich fragte ich sogleich nach und bekam ein klares Ja. Wir waren überwältigt und freuten uns riesig, waren mächtig dankbar und zugleich tief traurig. Einmal,

28

an einem Abend, meine Schwester und mein Schwager sassen an ihrem Esstisch und spielten Karten. Das Pendel befand sich zu dem Zeitpunkt einige Meter nebenan im Wohnzimmer, entstand wieder auf wundersame Weise ein neues Muster im Sand. Sie riefen mich wieder an, um nachzufragen, ob dies wieder von ihrer geliebten Maus sei. Ich ging wieder in Verbindung und erhielt als Antwort, dass dieses Mal die verstorbene Schwester meines Schwagers das Muster in den Sand gezeichnet habe. Natalie habe ihr dabei geholfen. Das Spannende an diesem Kontakt war, dass ich die Schwester von Hännes und Natalie wahrgenommen habe. Die zwei zeigten mir, dass sie eine richtig gute Zeit hatten. Ich erlebte, wie sie voller Freude waren und so richtig Spass hatten. Es fühlte sich für mich so an, wie wenn zwei Jugendliche Schabernack treiben und so richtig viel Freude versprühen. (Die Schwester meines Schwagers ist im zarten Alter von nur gerademal sechzehn Jahren gestorben) Es entstand noch ein drittes Mal ein Muster im Sand. Danach zeigte sich nichts mehr. Alle drei „Bilder" hatten aber etwas gemeinsam, sie sahen aus wie von einem Stempel gemacht. Unglaublich klare Linien und eigentlich kaum nachvollziehbar, dass die Bilder von einem Pendel kreiert wurden. Umso grösser war unser Staunen über diese „magischen" Zeichen. Daniela bat mich mit Natalie zu sprechen und sie um ein erneutes Zeichen zu bitten. Am Anfang erhielt ich keine Antwort auf meine Frage, warum sie kein Muster mehr in den Sand „malte" - später im Buch erkläre ich mehr dazu.

Irgendwann in dieser Zeit entschlossen sich Natalies Eltern, das Zimmer ihrer Tochter zu ändern. Sie hielten es nicht mehr aus, ständig damit konfrontiert zu werden. Das unveränderte Zimmer gab ihnen immer das Gefühl, dass ihre geliebte Maus zur Haustür hereinkommen müsste, in ihr Zimmer gehe, ihre Jacke aufs Bett werfe und sich an ihren kleinen Tisch setze. Deswegen wollten bzw. entschieden sie sich, dass Zimmer um zu gestalten. Da wir ein ziemlich grosses Haus besitzen, boten wir Daniela und Hännes an, die Sachen bei uns einzustellen. Also zügelten wir ein Teil von Natalies Zimmer in unser Haus. Wir stellten die Möbel in den Schlupf (Estrich) und ihre Kleider legten wir in Reisekoffern ab und stellten sie so auch in den Schlupf. Somit konnten Daniela und Hännes alles behalten und trotzdem wurden sie nicht ständig damit konfrontiert. An diesem Abend aber, meine Familie und ich sassen alle im Wohnzimmer, stand auf einmal Luke unser Hund auf und begann zu bellen. Dies war sehr aussergewöhnlich. Luke sah zur Treppe hin und begann noch lauter zu bellen, so, als ob er jemanden gesehen hätte. Wir schauten sofort nach, auch bei der Haustüre, konnten aber niemanden finden. Anschliessend beruhigte sich Luke wieder so als ob nichts gewesen wäre. Er legte sich wieder hin und schlief zufrieden ein. Mir ging dann der Gedanke durch den Kopf, ob er vielleicht Natalie gesehen hatte und oder vielleicht spürte er einfach ihre Energie, die wir ja mit ihren Möbeln in unser Haus brachten. Wer weiss...

Mittlerweile hatte ich schon einige Bücher über Medialität, Jenseitskontakte und die geistige Welt gelesen. Das eine Buch führte mich zum nächsten und mir wurde immer mehr bewusst, dass da noch so vieles mehr ist, als wir uns vorstellen können. Es war einfach unglaublich und obwohl ich jedes Mal meine ganze Energie und Kraft brauchte für einen Kontakt mit Natalie, übte ich weiter. Jedes Mal war ich total aufgelöst und tief traurig und trotzdem unendlich dankbar. So wundervoll es ist, mit einem so geliebten verstorbenen Menschen zu kommunizieren, so sehr schmerzt es aber auch, denn es schmälert nicht die Sehnsucht nach ihnen. Es schenkt einem aber Trost zu wissen, dass es ihnen gut geht.

In dieser Zeit habe ich auch das Buch „Werde Übernatürlich" von Dr. Joe Dispenza gelesen. Dieses Buch befand ich als unglaublich und teilweise schwierig zu verstehen. Aber hauptsächlich unglaublich! Ich begann zu meditieren und auszuprobieren. Ich wollte immer mehr wissen, zu was wir Menschen fähig sind. Jedes neue Buch, welches ich gelesen hatte, offenbarte mir neue Sichtweisen und ich versuchte alle Übungen nachzumachen. Ich setzte mich immer mehr mit der geistigen Welt auseinander, aber auch mit mir selbst. Ich lernte mich auch immer besser wahr zu nehmen und staunte immer mal wieder über mich selbst. Das Buch „Zünde dein inneres Licht an" von Pascal Voggenhuber, habe ich nicht nur gelesen, ich habe es gelebt. Jede Übung machte ich mehrmals und freute mich, wenn ich merkte, dass es immer besser klappte. Trotzdem hegte ich immer wieder grosse Zweifel, ob ich es richtig machte. Ich hinterfragte alles. Mir war bewusst, dass ich sehr befangen war durch den riesigen Verlust von Natalie.

Trotzdem folgte ich weiterhin meiner Intuition und blieb meinem Weg treu. Ich hörte mir gefühlte Tausend Interviews von weltbekannten Mediums an. Ich führte zig Meditationen durch, um mein drittes Auge zu öffnen, hörte mir Vorträge über Jenseitskontakte an, habe angefangen die einzelnen Medien zu analysieren und habe mich mit der Bibel auseinander gesetzt. Viele Gespräche mit verschieden denkenden Menschen geführt, um heraus zu spüren, wie sie über Medialität, Jenseitskontakte, Engel, die geistige Welt und Gott denken. Es war sehr spannend, manchmal fast beängstigend, wie die Menschen Furcht entwickeln. Sie denken, sie könnten etwas Verbotenes tun und dann die Strafe Gottes zu spüren bekommen. Schon seit ich mich entsinnen kann, bin ich der Überzeugung, dass der Glaube nicht einengen, einschüchtern oder gar Angst machen sollte. Im Gegenteil! Der Glaube sollte uns frei machen von Ängsten und Furcht. Er sollte uns öffnen für das viele Schöne auf Erden, so, dass wir in Freude und Freiheit leben können. Das, was wir Menschen oft als die Strafe Gottes bezeichnen ist nichts anderes als die Resonanz auf das was wir ausstrahlen. Tun wir also was „Böses", kommt auch das „Böse" zu uns zurück. Wir senden bei jeder erdenklichen Handlung Energie aus. Schicken wir Negatives ins Universum kommt Negatives zu uns zurück, schicken wir hingegen Positives in den „Raum" erhalten wir Positives zurück. Jeder weiss es im Grund genommen selbst, trotzdem hegen wir Menschen (mich inklusive), auch schlechte Gedanken. Wir lassen uns zu oft von unserem Ego leiten anstatt auf unser Herz zu hören.

Irgendwie kam ich aber nicht weiter. Das was ich brauchte, war Klarheit. Ich musste herausfinden, was ich da tue und fühle, sehe und zum Teil höre. Was, wenn ich mir dies alles nur einbilde, oder wenn ich es falsch wahrnehme? Meine Zweifel an meinem Wahrnehmen waren zeitweise so gross, dass ich mich schon fast nicht mehr getraute, weiter zu geben, was ich von der geistigen Welt empfing.

Es gab auch immer wieder Menschen, teils aus der Familie, teils aus dem Bekanntenkreis, die mir ihre Bedenken dazu äusserten. Es kamen solche

Aussagen, wie zum Beispiel, dass ich achtgeben sollte, denn dies könnte böse enden. Oder in der Bibel stehe, dass man dies nicht tun dürfe. Noch schlimmer, ich könnte besessen werden von bösen Geistern! Diese und weitere Aussagen machten mir keine Angst, im Gegenteil, diese Menschen taten mir ehrlich gesagt ein bisschen Leid. Es bewies mir lediglich, dass sich noch so viele Menschen von der sogenannten Obrigkeit der Kirche beeinflussen lassen. Dass die meisten Menschen sich nach Vorgaben, Gesetzen und Verboten richten, ohne sich jemals darüber Gedanken gemacht zu machen, ob dies auch richtig sei. Denn eigentlich müsste doch jeder sein Leben nach seinen Gefühlen, Erfahrungen und Empfindungen ausrichten. Jeder kennt doch das sogenannte Bauchgefühl, also seine eigene Intuition. Die wenigsten Menschen vertrauen darauf, obwohl sich auf diese Weise das eigene innere Wissen zeigt. Sprich, wir vertrauen uns selbst nicht, was ich äusserst schlimm finde.

Nun ja, wieder zurück zum eigentlichen Thema. Da ich mir also selbst nicht hundertprozentig vertraute, beziehungsweise, mir nicht sicher über meine eigene Wahrnehmung war, suchte ich eine Möglichkeit, mir Klarheit zu verschaffen.

33

Kapitel 5
Das geheime Wissen des Wassers!

Durch das viele Lesen wurde mir immer mehr bewusst, was wir Menschen eigentlich sind. Zu was wir fähig sind und was jeder einzelne von uns für unglaubliche Fähigkeiten besitzt.

Als ich von dem Geheimen Wissen des Wassers hörte, war ich zuerst einfach mal sprachlos. Wie oft habe ich Wasser getrunken, bin im Wasser geschwommen, getaucht, mir das Wasser übers Gesicht laufen lassen ohne mir wirklich bewusst zu sein, mit welcher Kostbarkeit ich es da gerade zu tun hatte. Für uns ist es normal, dass wir fliessend Trinkwasser im Überfluss haben.

Als ich dem Beitrag lauschte, indem Wissenschaftler von den Experimenten mit unserem kostbaren Gut, dem Wasser, berichteten, konnte ich es beinahe nicht glauben. Hat doch unser Wasser ein Gedächtnis! Das bedeutet, das Wasser unsere Gedanken, Emotionen und äussere Umstände wahrnimmt und sich dementsprechend verändert. Das geht so weit, dass wenn man Wasser in einem Krug auf einem Tisch stehen hat, an dem Negatives gesprochen wird, sich das Wasser negativ verändert. Wenn das Wasser anschliessend getrunken wird, tut es einem sicherlich nicht gut. Die Wissenschaftler haben Wasser verschiedenen Gedanken ausgesetzt. Das klingt jetzt absurd, aber genau so war es. Also, wenn dem Wasser böse Gedanken geschickt wurden, zeigte sich den Wissenschaftlern unter dem Mikroskop ein unschöner, ungleichmässiger Wasserkristall. Wurden dem Wasser hingegen liebe Gedanken oder Gebete geschickt, veränderten sich seine Wasserkristalle in wunderschöne Gebilde. Es ist einfach unglaublich, wie das Wasser reagiert.

Da wir Menschen im Erwachsenenalter ja selbst aus 70% Wasser bestehen, ist es nicht verwunderlich, dass wir krank werden, wenn wir ständig bösen Gedanken ausgesetzt werden oder eben ein Glas Wasser trinken, welches vorher bösen Gedanken ausgeliefert war. Wenn ich nun an den Ozean denke, der so viel Müll von uns Menschen schlucken muss und da denke ich nicht nur an den Plastik, sondern auch an die Lärmbelastung und die Ausbeutung durch die Fischerei! Was denkt wohl das Meer über uns Menschen?

Dieses Wissen darüber, dass Wasser ein Bewusstsein hat, sollte viel grösser publiziert werden. Denn es trägt zum Wohle aller und allem bei. Buchtipp: Die Geheimnisse des Wassers von Bernd Kröplin und Regine C. Henschel

Wenn das Wasser liebe Gedanken und Beachtung erhält, lässt es den Reis wunderbar gedeihen, bei negativen Gedanken wächst nichts oder noch schlimmer, bei nicht Beachtung wird der Reis schwarz.

Als mir bewusst wurde, welch grossen Einfluss unsere Gedanken auf Wasser haben, wurde mir ganz flau im Magen. Welche Macht wir doch haben und das nur mit unseren Gedanken! Jetzt gibt es Leute, die sagen, ja genau, das ist ja das gefährliche. Dabei vergessen sie aber, dass jeder von uns diese sogenannte Macht jeden Tag ausübt, auch wenn er sich dessen nicht bewusst ist oder ganz einfach nicht daran glaubt. Trotzdem geschieht es. Wir verändern täglich mit unseren Gedanken.

Also auch böse Gedanken an andere Personen oder Tiere und sogar an Pflanzen, kommen an und verursachen, dass es der betreffenden Person, dem Tier oder aber auch der Pflanze schlecht geht. Dies ist kein Hirngespinst von mir, dies ist wissenschaftlich bewiesen. Also kann man sagen, Gedanken sind nicht frei denn sie bewegen etwas, im Positiven wie auch im Negativen.

Das saubere Wasser, welches bei uns in der Schweiz so selbstverständlich ist, sah ich nicht erst seit diesem neuen Wissen als etwas Wunderbares an. Nein, schon als Kind betrachtete ich das Wasser als Lebenselixier, was es ja auch ist. Leider wird es von vielen nicht als solches anerkannt. Trotzdem entwickelte sich bei mir eine Ehrfurcht für das Wasser, reagiert es doch auf Gedanken und Gefühle wie ein Lebewesen. Heute, wenn ich Wasser trinke, mache ich dies mit einem anderen Bewusstsein als früher. Da jegliches Essen, Wasser beinhaltet, spreche ich, bevor oder während ich es auf dem Tisch anrichte, ein Gebet oder zumindest ein Dankeschön aus. Somit ist es gesegnet und bekommt meiner Familie und natürlich auch mir selbst.

Als meine Kinder noch klein waren, gab ich ihnen nebst der Milch nur Wasser zu trinken. Dies war auch nicht schwierig, da sie ja nichts anderes kannten. Als sie dann aber älter wurden und mitbekamen, dass es auch noch Süssgetränke gibt, wurde es schon schwieriger. Irgendwann liess es sich nicht mehr vermeiden, dass sie auch all die süssen Getränke zu sich nahmen. Zu meiner Hilfe kaufte ich einen wirklich schönen Glaskrug mit passenden kleineren Trinkgläsern. Diesen Krug stellte ich gefüllt mit Wasser auf den Esstisch, drapierte die schmucken Gläser darum und sagte zu meinen Kindern: ich bitte euch, falls ihr durstig werdet, trinkt zuerst ein kleines Glas Wasser und erst danach ein Süssgetränk. Dies klappte sehr gut. Heute wissen sie selbst um die Bedeutung des Wassers, auch wenn meine Tochter das Wasser mit Kohlensäure bevorzugt.

Heute, wenn ich mir oder aber auch für jemanden anders ein Glas Wasser ausschenke, spreche ich ein kurzes Gebet oder meinen Dank aus. Ich habe es zu meiner Gewohnheit gemacht, dass ich immer ein Glas Wasser bereit stehen habe. Sei es in der Küche oder auf dem Esstisch, dabei lasse ich es auf einem Untersetzer auf welchem die Blume des Lebens abgebildet ist. Die Blume des Lebens hat die Kraft „mein„ Wasser zu energetisieren und somit zu einem wunderbaren, gesunden Getränk zu machen. Versuchen Sie es doch mal für sich selbst. Schenken Sie sich ein Glas Wasser aus dem Wasserhahn ein. Trinken Sie ein paar Schluck daraus, dann stellen Sie es wieder hin und sprechen ein Gebet oder sagen zum Beispiel, „Danke dir mein liebes Wasser", oder „Danke, dass du mir gut tust". Diese Worte müssen Sie nicht laut aussprechen, es genügt schon, wenn Sie sie denken und ganz wichtig, fühlen Sie die Worte. Lassen Sie das Wasser für einen kurzen Moment lang stehen oder halten Sie es in Ihren Händen, dann nehmen Sie einen Schluck. Schmecken Sie den Unterschied? Dieses Wasser wird Ihnen gut tun! Es wird Sie stärken und vitalisieren.

Kapitel 6
Das eine führt zum andern...Zufall?

Durch das viele Lesen offenbarte sich mir eine Welt, die mich total in den Bann zog. Mein „neues" Wissen aber teilte ich nicht mit jedem, da ich nicht als Ketzerin, Hexe oder ganz einfach als durchgeknallt angesehen werden wollte. Ich hielt mich also stark zurück mit Äusserungen gegenüber meinen Mitmenschen. Wie es aber immer im Leben so läuft, traf ich immer mal wieder auf Menschen, mit denen ich dann ins Gespräch kam und schlussendlich sprachen wir dann genau über Themen, über die ich am Lesen war. So habe ich mit Personen, mit denen ich früher hauptsächlich Small Talk plauderte, tiefgründige Themen besprochen. Die Gespräche fingen meist damit an, in dem sie mich nach dem Befinden meiner Schwester oder meinem eigenen befragten. Zuerst erzählte ich davon, dass ich sehr viel lese. Was ich aber lese, dass blieb lange mein Geheimnis. Ich wollte als erstes heraushören und herausfühlen, wie weit ich diesen Menschen vertrauen darf, kann und wie sie über den Tod und was danach kommt, denken. Ich wagte mich immer weiter aus dem sogenannten Fenster heraus und gab immer mehr von „meinem neuen Wissen" preis. Zu meinem Erstaunen waren ganz viele sehr offen für „meine" Themen. Sie lauschten meinen Worten und stellten sehr viele Fragen. Natürlich konnte ich vieles selbst nicht beantworten, aber die verschiedenen Fragen, die mir gestellt wurden, veranlassten mich dazu, weiter zu lesen, zu hinterfragen, nach zu forschen auch in der Bibel. So fand ich immer wieder Antworten, die ich dann wiederum weiter gab, aus denen sich dann neue Gespräche und weitere Fragen entwickelten. Da ich auch immer wieder mal gesagt bekam, dass uns angeblich Gott verboten habe mit Verstorbenen Kontakt aufzunehmen, beschäftigte ich mich intensiver mit der Bibel. Obwohl für mich klar war, dass ich nichts Verbotenes machte, wollte ich mehr darüber wissen. Für mich gab es keine Zweifel darin, dass ich zu dem, was ich da tat, nämlich mit Verstorbenen sprechen, geistige Führung erhielt. Durch den Verlust von Natalie wurde mir eine Türe geöffnet. Dieses neue Bewusstsein und Wahrnehmen gab mir die Möglichkeit, meiner Schwester und meinem Schwager in ihrem Leid zu helfen. So konnte ich ihnen mitteilen, dass ihre geliebte Tochter noch immer hier bei ihnen ist und sie sie immer noch begleitet auf ihrem weiteren Lebensweg. Das einzige was gestorben war, ist ihr Körper.

Trotzdem suchte ich für mich selbst eine Antwort darauf, warum die Menschen sagen, dass dies verboten sei. Ja genau, die Menschen behaupten, dass Gott uns dies verbietet. Es stehe ja so in der Bibel! Also muss es doch wahr sein! Doch, hat wirklich Gott die Bibel geschrieben? Waren es nicht doch auserwählte Männer, die dieses Buch geschrieben haben? Es steht mir nicht zu über solch ein wichtiges, weltbewegendes Thema das Wort zu ergreifen. Was ich aber tun kann und darf, ist für mich meine eigene Meinung darüber bilden. Denn in anderen Dingen, welche wichtig sind für mein Leben, befolge ich ja auch nicht die Entscheidungen oder Meinungen von fremden Leuten. Zuerst überdenke ich die Situation, hinterfrage vielleicht oder ich informiere mich über die Sache. Was ich auf jeden Fall zu vermeiden versuche, ist, egal um was es sich handelt, der Masse von Menschen einfach blind zu folgen.

Wie gesagt, für mich ist klar, die Bibel wurde von Menschen geschrieben. Das Buch der Bücher wurde in Hebräisch, Aramäisch und auf Griechisch geschrieben und heute gibt es dieses Buch in unzähligen verschiedenen Sprachen zu kaufen. Also wurde dieses heilige Buch wiederum von Menschenhand so viele Male übersetzt. Jetzt möchte mir die Kirche allen Ernstes erklären, dass jedes einzelne Wort, und zwar genau so wie es da steht, Gottes Worte seien. Ich bin überzeugt davon, dass das was in der Bibel steht, teils richtig ist, aber der Inhalt wird meines Erachtens nicht ganz richtig interpretiert. Was auch den meisten Menschen mittlerweile klar sein müsste, ist, dass die Bibel nicht vollständig ist.

Die Menschen waren und sind immer noch am besten mit Angst zu regieren. Die Geschichte lehrt uns dies leider immer wieder. Bei solchen Aussagen denken wir aber immer zuerst an die Kriege. Wer denkt da schon an Pfarrer, Priester oder gar den Papst? Wir selbst haben diese Menschen ja auf hohe Stühle gesetzt, beziehungsweise gewählt. So nach dem Motto, was die sagen, gilt. Niemand getraut sich zu hinterfragen oder sich gar dagegen zu äussern. Dies würde als Ketzerei, Verleumdung oder gar Hochverrat gelten. Wenn man bedenkt, dass man sich früher den Himmel erkaufen konnte...man bezahlte Ablass und gut war es. Alle Sünden wurden einem erlassen! Und die Menschen glaubten diese Schweinerei! Heute sagen natürlich alle, naja, das war früher, heute lassen sich die Menschen nicht mehr so leicht manipulieren. Ich denke, auf diesen Satz kann sich jeder selbst die Antwort geben.

Wie schon gesagt, es steht mir nicht zu, zu urteilen. Ich möchte hier auch auf keinen Fall bekehren. Es geht mir lediglich darum die Menschen dazu zu ermutigen, sich selbst Gedanken darüber zu machen. Mal auf ihr eigenes inneres Wissen zu hören. Sich selbst eine Meinung zu bilden.

Es ist noch nicht lange her, dass man Ärzte als „Götter in Weiss" betitelte. Das heisst, wenn ein Arzt etwas sagte, dann war das so und der Patient befolgte, ohne zu hinterfragen seine Behandlungen. Heute geht man zum Arzt und holt sich eine Diagnose ein, der Arzt empfiehlt einem dann eine weitere Vorgehensweise, aber entscheiden tut der Patient. Denn es ist ja sein Körper. Niemand kennt den eigenen Körper besser als man selbst, nicht einmal der beste Arzt.

Also, ich habe viel gelesen, mit ausgesuchten Menschen gesprochen, mir sehr viele Gedanken gemacht und kam zu meinem Entschluss. Durch den Verlust von unserer geliebten Natalie wurde mir eine Tür geöffnet. Ich wurde richtiggehend geführt von der geistigen Welt. Durch das Erlangen des Wissens über die geistige Welt und die Erkenntnis, dass wir als Energie weiterleben, also unsterblich sind, konnte ich mit Natalie Kontakt aufnehmen und somit ihren leidgeplagten Eltern ein klein wenig Trost spenden. Und für dieses grossartige Geschenk bin ich unendlich dankbar.

Kapitel 7
Auf der Suche nach Klarheit, Gewissheit und Bestätigung!

Als ich dann eines Tages auf der Homepage von Pascal Voggenhuber darüber las, dass er am 13. April 2018 einen Vortrag über Jenseitskontakte in Schaan halten würde, wusste ich, da muss ich hin. Mein Mann Erick zeigte sich einverstanden damit und fand es eine gute Idee. Da ich aber nicht allein dorthin wollte, habe ich ihn gebeten, mich zu begleiten. Nach kurzem Zögern willigte er ein. Als ich dann auf der Homepage weiterlas, stellte ich fest, dass Pascal Voggenhuber am darauf folgenden Wochenende einen Workshop zum Thema Jenseitskontakte durchführen würde. Der Workshop würde in Luzern stattfinden. Natürlich wollte ich dort hin. Das wäre genau die Chance, Klarheit zu bekommen. Endlich eine Gelegenheit, um Fragen zu stellen. Eine Möglichkeit zu begreifen, was ich da die ganze Zeit gelesen und ausprobiert habe. Rick verstand meinen Wunsch nach Klarheit und dachte auch, dass ich auf jeden Fall am Workshop teilnehmen sollte. Also reservierte ich mir einen Platz.

Ich war ganz aufgeregt, als mein Mann und ich auf dem Weg nach Schaan unterwegs waren. Ständig sprach ich mit Natalie. Ich bat sie darum, sich zu erkennen zu geben, sodass vielleicht Pascal Voggenhuber von ihr erzählen könnte. Als wir dann im Saal sassen und warteten, spürte ich Natalie und für mich war klar, sie begleitet uns. Ich entspannte mich und nahm mir vor, den Abend einfach zu geniessen. Der Abend war spannend und aufschlussreich. Viel Neues hörte ich aber leider nicht, da ich ja schon etliche Bücher von ihm gelesen hatte, aber es war sehr eindrücklich, es von ihm persönlich zu hören und zu sehen, wie er arbeitet. Das bevorstehende Wochenende mit dem Workshop konnte ich schon fast nicht mehr erwarten. Zuhause stellte ich meinen Beleg, also mein Ticket für den Workshop auf mein Sideboard im Schlafzimmer. So, dass man es gut sehen konnte. Immer mal wieder sprach ich zu Natalie. Ich erzählte ihr, wie wichtig dieser Termin für mich sei und bat sie darum, mich zu begleiten.

Am Samstagmorgen, des 21. April 2018, fuhr ich mit meinem Mann und meinen beiden Kindern nach Luzern. Als wir angekommen waren, haben wir zuerst mal einen Kaffee getrunken und ein Gipfel gegessen. Anschliessend verabschiedete ich mich von meinen drei Lieben, denn sie gingen weiter in Richtung Verkehrshaus. Das ist ein Museum für Entdecker. Es beherbergt eine grosse Ausstellung von Zügen, Autos und Schiffen, zugleich besitzt es ein Planetarium und ein Filmtheater, welches die grösste Leinwand der Schweiz besitzt. Da es noch einige andere Attraktionen vor Ort hat, ist es ein beliebtes Ausflugsziel für Familien. Rick und ich haben uns gedacht, dass es sich gleich verbinden lässt. So hatte nicht nur ich einen spannenden Tag vor mir. Der einzige Unterschied war, dass sie am Abend wieder nachhause fuhren und ich hingegen mein Hotel aufsuchen musste oder durfte, wie auch immer.

Mir war ganz komisch in der Magengegend zumute, als ich der Strasse entlangschlenderte und mich dann ins Hotel begab, in dem der Workshop stattfand. Ich suchte den betreffenden Saal auf und stellte fest, dass ich zu früh da war. Die Türen waren zwar nicht abgeschlossen, aber es war noch niemand anders da. Also setzte ich mich auf ein Sofa, welches sich gleich neben der Türe befand. Ich nahm mein Handy hervor und begann meiner Schwester Daniela zu schreiben. Die Türen vom Saal wurden geöffnet und man konnte hineingehen und sich einen Platz aussuchen. Kurze Zeit darauf füllte sich der Raum mit den unterschiedlichsten Menschen. Ich suchte mir einen Stuhl am Rand bei den Fenstern aus. Zuerst wollte ich mal hinein fühlen, wie es an so einem Workshop abläuft, wollte einfach mal zuhören und zusehen. Als Pascal den Saal betrat, füllte sich der Saal zugleich mit guter Laune. Als er uns den Ablauf erklärte, fühlte ich sogleich, dass es richtig und gut war her zu kommen. Er erklärte uns dann auch, dass nicht er derjenige sei, der in diesem Workshop Kontakte zum Jenseits herstellen werde, sondern wir sollten dies selbst tun. Nach relativ kurzer „Anleitung" schmiss er uns ins kalte Wasser. Wir bekamen den Auftrag uns zu zweit gegenüber zu setzen und einfach mal nach seinen Anweisungen einen Jenseitskontakt herzustellen. Es war unglaublich! Obwohl die Teilnehmer/innen aus unterschiedlichen Gründen an diesem Workshop teilnahmen, funktionierte es. Es gab ganz junge Teilnehmer/innen und welche die schon einige Lebensjahre an Erfahrung hatten. Es gab Frauen sowie Männer. Einige haben sich schon seit längerem mit dem Thema auseinander gesetzt, wiederum andere hatten sich aus reiner Neugierde an der „Sache" angemeldet. Es kamen auch Personen, die dachten, wenn sie schon um die Ecke wohnen, könnten sie ja mal reinschauen und wieder andere arbeiten im Spital, Seniorenzentren oder gar im Hospiz und begleiten Sterbende. Das Erstaunliche war, dass jeder einen Kontakt herstellen konnte. Klar, dem einen glückte es besser, dem andern nicht so, aber im Endeffekt stellte jeder einzelne eine Verbindung zu einem Verstorbenen her. Trotz meines Staunens und grosser Freude darüber, was ich da sehen und miterleben durfte, verlor ich nicht den Fokus auf meinen Wunsch nach Klarheit. Ich wollte wissen, ob Pascal mir bestätigen konnte, dass Natalie hier bei mir ist. Pascal hat die Fähigkeit, wie er selbst in seinen Büchern schreibt, Verstorbene zu sehen.

Mein Problem aber war, dass wir, also die Teilnehmenden, jede erdenkliche Frage stellen durften, solange die Frage etwas mit dem Workshop zu tun hatte und die Antwort für alle Beteiligten von Nutzen sei. Also blockte Pascal all meine Versuche ab, sobald ich ihm meine persönliche Frage stellte. In den Pausen zog er sich zurück, um sich etwas Ruhe zu gönnen, was sicherlich verständlich war, für mich aber nicht wirklich optimal. Meiner Frustration über diese missliche Lage, lies ich freien Lauf in dem ich mich meinem Notizbuch anvertraute. Ich schrieb da rein, dass ich das Gefühl habe, dass Pascal mich nicht leiden kann, dass er mich ignoriert und ich so nicht weiter komme. Ich bat die geistige Welt mir zu helfen, sodass ich, wenn auch nur für einen kurzen Moment, die Aufmerksamkeit von Pascal erlangen und ich ihm meine Bitte bzw. meine Frage aussprechen könnte.

Als der erste Tag zu Ende ging, machte ich mich auf die Suche nach meinem Hostel. Seit ich Mutter bin, war ich nie mehr allein über Nacht weg. Es war daher ein komisches Gefühl und sehr ungewohnt. Ich richtete kurz mein Zimmer ein und machte mich dann auf den Weg zurück zum See. Es war wunderschönes Wetter und es hatte viele Menschen in den Gartenrestaurants. Die Strassen waren belebt und so fiel mir gar nicht so auf, dass ich allein unterwegs war. Als ich beim Seminar-Hotel, in dem der Work-shop stattfand, vorbeikam, sassen Pascal und sein Team im Gartenrestaurant. Kurz, wirklich nur ganz kurz überlegte ich mir, ob ich jetzt einfach ganz frech zu ihm hingehen sollte, um ihn zu fragen, ob er Natalie sehen kann. Zum eigenen Erstaunen aber, grüsste ich ihn nur kurz beim Vorbeigehen, wünschte ihm einen erholsamen Feierabend und ging weiter in Richtung See. Ich holte mir etwas zu essen und setzte mich auf eine Bank am See. Nach dem Essen schrieb ich alles, was mir noch in den Sinn kam vom Workshop in mein Notizbuch und ich nahm mir fest vor, am nächsten Tag, wenn nötig zum Ekelpaket zu werden. Denn, ich bin nicht hier her gekommen, damit Pascal mich mag, sondern um Klarheit zu bekommen. Das letzte was ich wollte, war, nach Hause zu fahren ohne Gewissheit zu haben.

Nach einer eher unruhigen Nacht checkte ich aus und machte mich auf den Weg in Richtung See. Auf dem Weg dorthin besorgte ich mir einen Kaffee, ein Wasser und ein Brötchen. Am See angelangt setzte ich mich an eine Mauer direkt an der Sonne und genoss die Ruhe. Ich freute mich auf den Tag und war voller Hoffnung.

Dieses Mal setzte ich mich nicht wieder ganz an den äusseren Rand der Stuhlreihen. Ich wusste, heute musste ich etwas Mut zeigen. Heute ging es um alles. Wir, also die Workshop Teilnehmer, durften zuerst wieder einfach Pascals Worten lauschen. Er erzählte uns viel Wissenswertes über Medialität, Sensitivität und unsere Aura. Anschliessend machten wir wieder Übungen zu zweit aber auch in Gruppen. Es blieb sehr spannend. Wie schon tags zuvor machten wir am Morgen eine Kaffeepause und wieder schritt Pascal zur Tür, um in Ruhe seine Pause zu verbringen. Ich packte meinen Mut zusammen und stellte mich ihm in den Weg. Sogleich unterbreitete ich ihm mein Anliegen. Ich sagte zu ihm, dass ich gerne wissen möchte, ob er eine junge Frau wahrnehmen könne, welche mich begleitet. Ich sagte ihm auch, dass dies sehr wichtig sei für mich zu wissen. Dann machte ich einen Schritt zur Seite, bedankte mich bei ihm und holte mir einen Kaffee. Mir war in diesem Moment nicht klar, ob ich ihn gerade geärgert, oder nur seine Laune getrübt habe oder ob er vielleicht einfach mal darüber nachdachte und mir ja vielleicht eine Antwort auf meine Frage gibt. Für meinen Teil war ich mit mir zufrieden. Ich habe nicht resigniert, sondern gehandelt. Zumindest habe ich alles versucht.

Nach der Pause machten wir gleich wieder weiter mit unseren Übungen. Wir haben in Vierergruppen zusammen gesessen und gaben uns gegenseitig Jenseitskontakte. Als mir gerade von einer Gruppenteilnehmerin ein Kontakt geschenkt wurde, gesellte sich Pascal zu uns. Dies war nichts Aussergewöhnliches, denn er kam immer mal wieder vorbei, um zu sehen, wie wir vorankamen und ob wir seine Hilfe bräuchten. Auf einmal aber sagte er, dass es gerade gut passe, dass ich einen Kontakt erhalte, denn er habe gleich noch einen für mich. Ich war für einen Moment sprachlos. Pascal sagte mir dann, dass er mit Natalie gesprochen habe. Er beschrieb mir ihr Aussehen und ihr Wesen. Da gab es für mich keine Zweifel mehr. Ich weinte nur noch und konnte kaum glauben, was da gerade geschah. Ich lauschte Pascals Worten, die sehr ruhig und einfühlsam waren. Er erzählte, was Natalie ihm sagte. Ich sei wie eine zweite Mutter für sie gewesen, dass da so viel Liebe sei und dass ich nicht immer an mir zweifeln solle, dass dies, was ich tue, gut sei. Pascal erzählte mir auch, dass sich Natalie bei unseren Übungen nicht zu erkennen gab, denn ihr sei wichtig gewesen, dass ihre Botschaft richtig verstanden würde. Deshalb habe sie sich Pascal zu erkennen gegeben und mit ihm geredet. Ich konnte es nicht fassen, auch diese Aussage war so typisch für Natalie. Sie war schon immer so, wenn sie sich nicht sicher war, ob sie verstanden würde, sagte sie lieber nichts. Da wir Workshop-Teilnehmer „nur" Anfänger waren, richtete sie sich an Pascal. Ich war so berührt, tief traurig und zugleich unendlich dankbar. Es war unglaublich, welch grosses Geschenk ich da erhalten habe. Nun wusste ich, Natalie „lebt"! Sie begleitet die ganze Familie, insbesondere natürlich ihre Eltern die ganze Zeit. Ich wusste jetzt auch, dass ich weiter mit ihr sprechen konnte und dies auch immer besser.

Ich bedankte mich bei Pascal für dieses wundervolle Geschenk. Es gab mir die sehnlichst erwünschte Klarheit darüber, was ich da die längste Zeit fühlte, hörte und zum Teil sehen konnte. An dieser Stelle mal ein grosses Dankeschön an die geistige Welt, die mich hier her geleitet und meine Hilfegesuche erhört hatten.

Als ich mich wieder etwas gesammelt hatte, machten wir in der Übungsgruppe weiter. Wir sprachen nochmals kurz über Natalie, dann aber widmeten wir uns wieder der Übung. Auch ich konnte einer Teilnehmerin eine schöne und liebe Botschaft von ihrer Grossmutter weitergeben. Auch sie, also die Teilnehmerin, war sichtlich gerührt.

Am Nachmittag machten wir nicht mehr viele Übungen. Pascal erzählte uns noch einiges aus seinen Erfahrungen und auf was wir achten müssen auf unserem individuellen Weg mit der geistigen

Welt. Er empfiehl uns einen Zirkel zu suchen, der in der Nähe unseres Wohnortes sei, in welchem wir üben, üben, üben könnten. Denn das sei das wichtigste überhaupt.

Als ich auf dem Nachhauseweg im Zug sass, telefonierte ich eine gefühlte Ewigkeit mit meiner Schwester Daniela. Wir waren sehr dankbar, dass wir durch Pascal eine Botschaft von Natalie erhalten haben, aber wir waren natürlich auch tief traurig, zu wissen, dass sie wohl da ist aber eben doch nicht.

Auf jeden Fall wurde mir mein Wunsch erfüllt. Ich bekam die so sehr benötigte Gewissheit, dass das was ich da mache, echt ist und für diese mir geschenkte Klarheit war ich unbeschreiblich dankbar.

Kapitel 8
Gelesenes anwenden und staunen

In den folgenden Wochen übte ich ganz viel. Ich verband mich mit der geistigen Welt und stellte so Kontakte mit verstorbenen, mir nahestehenden Personen her. So „sprach" ich mit meinen Grosseltern, meinem Schwiegervater, meinem Onkel, Bruder meines Mannes und natürlich mit Natalie. Nur jetzt konnte ich nicht nur Fragen stellen, sondern nahm Bilder, Gefühle und Worte wahr. Auf diese Weise zeigte mir Natalie, was genau am 5. November geschah. Ich bekam Bilder, Emotionen und Erklärungen von ihr. Sie zeigte mir, wie sie am Strand war, ihr Kleid auf ihre Tasche legte und dann in Richtung Meer sprang. Sie schaute nochmals zurück und zeigte mir ein freudiges Lachen, welches über ihr ganzes Gesicht strahlte. Anschliessend sprang sie ins Meer und tauchte in die Wellen ein. Sie vermittelte mir, dass sie voller Freude war und einfach nur glücklich. Dann bekam ich Bilder von verschieden grossen Blasen, die in verschiedenen Blau- und Weisstönen im Wasser aufstiegen. Ich hatte dabei das Gefühl, als ob ich darin tauchen würde. Gleichzeitig vernahm ich sowas wie eine Melodie. Ich nahm aber auch wahr, dass Natalie keine Angst verspürte und keinerlei Schmerzen hatte. Sie gab mir zu verstehen, dass sie keine Panik hatte, denn ihr sei gar nicht bewusst gewesen, was da passierte. Sie sei einfach nur glücklich gewesen. Diese Erfahrung war sehr heftig für mich. Obwohl ich wusste, dass diese Nachricht sehr schwer für meine Schwester sein würde, teilte ich ihr natürlich alles mit.

Während ich Daniela alles am Erzählen war, hörte ich sie immer wieder sagen, ja genau so habe es die Freundin, die mit Natalie am Strand war, auch erzählt. Genau so sei der Ablauf gewesen. Natürlich konnte die besagte Freundin von Natalie nicht sehen, was im Wasser geschah, aber sonst habe alles gestimmt. Das Wertvollste an der ganzen Botschaft war natürlich zu erfahren, dass Natalie keine Panik bekam und absolut schmerzfrei blieb.

Bei einem anderen Jenseitskontakt nahm ich wohl eine Energie von Jemandem wahr, war mir aber nicht sicher, wer es sein könnte. Also fragte ich nach der Todesursache, also wie oder auf welche Art er gestorben ist. Dass die Energie männlich war, fühlte ich klar und deutlich. Als ich dann auf meinem Hinterkopf einen Schmerz feststellen konnte, wusste ich, es ist der Bruder von meinem Mann. Als ich ihn begrüsst hatte, zeigte er sich mir als kleiner Junge. Ich sah, was er für Kleider trug und er zeigte mir sein Kinderzimmer. Er gab mir auch Bilder von meinem Mann als dreijähriger kleiner Junge, der den ganzen Unfall mitangesehen hatte. Ich schrieb mir nach dem Kontakt alles auf und besprach es mit meinem Mann. Einiges wusste er natürlich gar nicht mehr, aber er konnte sich sehr wohl an einige Details erinnern, zum Beispiel wie das Zimmer von seinem Bruder ausgesehen hatte. Und es stimmte überein. Sein Bruder verstarb im Alter von sieben Jahren, er war rückwärts mit dem Kopf auf eine Tischkante gefallen.

Bei jedem Jenseitskontakt bekam ich eine Botschaft für eine Person in meiner Familie. Die Botschaften sind immer voller Liebe und Wärme, aber auch hilfreiche „Wegweiser" für das weitere Leben der jeweiligen Person.

Ich versuchte mich auch immer wieder im „inspirierten" Schreiben. Da verbindet man sich mit der geistigen Welt und lässt sich dann eben inspirieren. Auf diese Art und Weise verfasst man dann Texte, die einem selbst zum Staunen bringen.

Sensitive Übungen trainierte ich auch sehr häufig. Wenn sich zum Beispiel meine Schwester zum Kaffee ankündigte, setzte ich mich hin, verband mich mit der geistigen Welt und dann fühlte ich mich in die Energie meiner Schwester ein. Ich spürte rein, welche Kleider sie gerade trägt, schrieb mir auf, was ich sah und wenn sie dann bei mir war, kontrollierte ich mich selbst. Einmal war ich enttäuscht, denn ich sah ein rosa Cardigan (Strick Jäckchen), aber dieses hatte sie nicht an. Als ich ihr das sagte, meinte sie, das sei unglaublich, denn sie habe es kurz bevor sie ihr Haus verliess, ausgezogen. Ein anderes Mal erzählte mir meine Schwester, dass es bei ihr und Hännes eine Veränderung geben wird und sie fragte mich, ob ich versuchen möchte hinein zu spüren, um zu schauen, ob ich es herausfinden könnte. Sie meinte, so könnte ich üben. Natürlich wollte ich es versuchen. Ich verband mich also mit der geistigen Welt und fühlte in die Energie meiner Schwester hinein. Ich „sah" eine Katze um die Beine meiner Schwester streifen und wie Daniela ein Katzenklo im Badezimmer aufstellte. Eigentlich war es klar und deutlich, aber ich getraute mich nicht es auszusprechen, denn ich war mir einfach nicht sicher.

Hallo...! Meine Zweifel, ob ich meine Wahrnehmungen richtig interpretiere, waren wieder mal zu mächtig und ich konnte mich im Nachhinein nur noch ärgern, denn, ca. eine Woche später holten meine Schwester und mein Schwager ein Kätzchen zu sich nach Hause. Als ich dann erzählte, dass ich

52

das gesehen hatte und es somit eigentlich gewusst habe, kam ich mir schon sehr blöd vor. Denn im Nachhinein kann das ja jeder sagen. Schön war aber, dass meine Schwester mir glaubte.

Meine Meditationen, die ich machte, gaben mir eine innere Ruhe und halfen mir somit, mich zu sammeln. Ich versuchte meine Übungen regelmässig auszuführen ohne meinen Alltag mit Kindern, Ehemann, Hund und Haushalt zu vernachlässigen. Speziell bei meiner Tochter musste ich mich achtsam verhalten. Sie war nicht wirklich erfreut darüber, was ich da tat. Also sprach ich nicht mehr oft darüber, was ich gerade las und ich achtete auch sehr darauf, dass ich meine Meditationen nur dann abhielt, während sie ausser Haus war oder mein Mann für sie da sein konnte. Schritt um Schritt lernte ich dazu und ich konnte immer mehr wahrnehmen. Jeder weitere Jenseitskontakt gelang mir besser und so konnte ich viele offene Fragen beantworten. So verging das erste Halbjahr des Jahres 2018. Meine Schwester war in dieser Zeit sehr oft bei mir und wir haben über diese Themen gesprochen, über welche wir so viel gelesen hatten. Wir haben geweint, gelacht, gestaunt und uns gegenseitig gestützt. Unser Wissen darüber, dass Natalie und all unsere Lieben, die vorausgegangen sind, uns nie wirklich verlassen haben, gab uns Mut und Kraft. Vor allem für meine Schwester war dieses Wissen sehr entscheidend, wenn nicht sogar der Grund dafür, dass sie sich jeden Tag aufs Neue ins Leben zurückkämpfte. Ich kann nicht sagen, wie oft sie mir sagte, dass sie nicht mehr leben wolle, dass sie zu ihrem Schatz möchte, dass sie diesen Schmerz nicht mehr ertragen könne. Das was ich ihr von Natalie ausrichten konnte in den vielen Jenseitskontakten, brachte ihre geliebte Maus nicht auf die Erde in ihren Alltag zurück, aber sie wusste somit, dass ihre geliebte Tochter nicht von ihr getrennt war. Dass sie nach wie vor ein Team sind, auch über den Tod hinaus. Und dieses Wissen hält meine Schwester und meinen Schwager am Leben. Diese Erkenntnis darüber schmälert in keiner Weise den Schmerz, die Sehnsucht, aber es vermittelt ihnen Trost und Hoffnung. Nun wissen sie, dass die drei zur gegebenen Zeit wieder zusammen sein werden.

Kapitel 9
Sehnsucht nach dem Meer

Für meine Schwester und meinen Schwager war ja eigentlich von Anfang an ziemlich klar, dass sie Natalies Asche ins Meer zurückbringen wollten. Dorthin wo Natalie zum ersten Mal gestorben war, dort wo sie sich so sehr wohl fühlte. Auf die Bitte meiner Schwester hin, ich solle doch Natalie fragen, ob sie wirklich ins Meer zurück möchte, wurde ich schon sehr nervös. Ich wollte nichts Falsches tun, wollte nicht verletzen weder im Diesseits noch im Jenseits. Ich wollte helfen, aber ich wusste nicht, ob ich das konnte. Ich gab Daniela mein Versprechen, dass ich es versuchen werde, mit Natalie zu reden, um sie danach zu fragen. Da ich mir selbst nicht sicher war und diese eine Frage so wichtig war, nahm ich mir sehr viel Zeit dafür. In mehreren Sitzungen mit Natalie fragte ich sie, wo sie denn am liebsten ihre Asche hätte. Ob sie am liebsten zurück ins Wasser also ins Meer möchte oder lieber in der Urne bei ihren Eltern bleiben möchte. Ich bekam immer wieder die gleiche Antwort, egal wie ich die Frage stellte. Ich machte mir aber Sorgen, da ich dachte, dass Daniela und Hännes einen anderen Wunsch hatten. Nachdem ich aber immer und immer wieder die gleiche Antwort von Natalie bekam, versuchte ich mir beziehungsweise meinem Wahrnehmen zu vertrauen. Ich ging bei Natalies Eltern vorbei und überbrachte so achtsam wie möglich die Antwort, die ich erhalten hatte. Natalie wollte nicht ins Meer, sie wollte vorerst Zuhause bei ihren Eltern bleiben. Dort, wo sie immer so gerne war, wo sie sich geborgen gefühlt hatte und sie denke dies sei auch noch wichtig für ihre Eltern. Sie sagte aber auch, dass wenn es für ihre Mum und ihren Dad irgendwann nicht mehr stimmig sei, die Urne in der Wohnung zu haben, dann sei dies absolut okay für sie. Sie sei nicht mehr an den Körper gebunden. Ihre Mum und ihr Dad sollten entscheiden. Was für sie beide stimme, sei für sie genau richtig. Aber wie gesagt, Natalie wollte nicht unbedingt zurück ins Meer. Zu dem Zeitpunkt, als ich diese Nachricht von Natalie an ihre Eltern überbrachte, hatten sie schon einen Flug nach Tarifa (Spanien) gebucht und sie wollten eigentlich die Asche von Natalie mitnehmen und ins Meer streuen. Also hatte ich ein schlechtes Gewissen bei der Überbringung der Nachricht. Trotzdem wollte ich ehrlich sein und die Antwort von Natalie weitergeben, so wie ich sie erhalten hatte. Zu meinem Erstaunen freuten sich Daniela und Hännes über die Neuigkeit. Es füllte zwar einmal mehr ihre Augen mit Tränen, aber sie waren glücklich darüber, dass sie Natalie noch bei sich behalten konnten und jetzt sogar mit dem Wissen, dass ihr geliebter Schatz das auch wollte. Mir fiel ein riesiger Stein vom Herzen. Daniela sagte mir dann, dass sie sich nicht getraut hatte zu sagen, dass sie auf einmal so ein Gefühl bekam, Natalie sollte nicht ins Meer. Sie sagte mir auch, dass sie auf einmal Mühe bei dem Gedanken bekam, Natalies Asche einfach weg zu geben. Einfach ins Meer zu geben und sie so nicht mehr bei sich zu haben. Ich war erleichtert und bedankte mich bei der geistigen Welt dafür, dass ich einen Beweis mehr bekommen habe, dass ich mir und meiner Wahrnehmung vertrauen darf. Im Juni 2018 flogen Daniela und Hännes nach Tarifa. Sie wählten den Ort Tarifa nicht grundlos aus. Vor Ort gibt es eine Organisation, die sich Firmm nennt. Die Gründerin dieser Organisation stammt aus der Schweiz. Ihr Anliegen ist es Meeressäugern in der Strasse von Gibraltar zu helfen und zu schützen. Dort wollten die Eltern von Natalie hin. Sie wollten einen Ort aufsuchen, an dem sie die Möglichkeit bekamen, Delfine und Wale zu sehen. Natalies grösstes Anliegen waren die Meeresbewohner. Meine Schwester und mein Schwager flogen also ohne Natalies Asche dorthin. Zum ersten Mal seit dem Tod von Natalie waren meine Schwester und ich nicht mehr täglich in Kontakt. Es fühlte sich seltsam an. Zum ersten Mal hatte ich Zeit, mir darüber klar zu werden, was das Schicksal mit mir gemacht hatte. Ich musste mich auch daran gewöhnen, dass keine WhatsApp aufblinkten, bei denen ich das Gefühl hatte, ich müsste sie schnellstmöglich beantworten. Ich hatte einfach Zeit und wusste aber, dass meine Schwester nicht allein war. Mir war bewusst, dass es nicht einfach sein würde für die Eltern von Natalie. Dass, wenn sie am Meer sein werden, viele Tränen fliessen und sie alle Kraft und Energie benötigen werden, die sie aufbringen können. Dies alles war ein wichtiger Teil ihrer eigenen Trauerarbeit.

Auch für meinen Mann und meine Kinder standen Ferien an. Wir alle wollten nicht in ein grosses Hotel mit viel Trubel, Animation und vielen Menschen. Unser oberstes Ziel war das Meer sonst brauchten wir nicht viel. Wir fanden eine Unterkunft im Süden von Italien. Der Strand war zu Fuss in wenigen Minuten erreichbar. Mit dem Auto fuhren wir in zirka zwanzig Stunden nach Apulien. Das Meer war traumhaft schön, das Wasser so klar wie in der Karibik! Für eine Woche saugten wir Sonne, Strand und Meer ein, tankten unsere Batterien auf. Wir lebten sozusagen am Strand. Auch da begleitete uns Natalie und die geistige Welt. An einem Abend wollten wir eine Himmelslaterne steigen lassen. Allerdings hatte ich ein wenig Bedenken, da es schon lange nicht mehr geregnet hatte und dadurch die Büsche und Sträucher sehr trocken waren. Trotzdem wollten wir die Himmelslaterne steigen lassen. Wir standen am Strand, die Füsse im Meer und liessen die Laterne fliegen. Mit Tränen in den Augen dachten wir an Natalie und wollten ihr hiermit zeigen, wie sehr wir sie vermissen. Da geschah es aber, dass die Laterne mit dem glühenden Zündstein zuerst am Strand entlang flog, um dann in Richtung Land abzubiegen. Mir wurde ganz schummerig zumute und Rick und ich schauten uns nur an. Was sollten wir tun? Also begann ich mit Natalie zu sprechen. Ich sagte ihr, dass diese Himmelslaterne ein Geschenk für sie sei und sie solle doch bitte das von Herzen kommende Geschenk nehmen und es in Richtung Meer ziehen. Und - wir konnten es beinahe nicht fassen! Wie als ob jemand eine Schnur an der Laterne befestigt hätte, drehte diese postwendend ihre Richtung und flog im Eiltempo aufs Meer hinaus. Wir vier standen ergriffen, traurig, aber auch erlöst am Strand. Wir verweilten in absoluter Stille, bis die Himmelslaterne nicht mehr zu sehen war. Ein anderes Mal, auch an einem Abend, als wir nach dem Abendessen zum Strand gingen, erlebten wir nochmals einen magischen Moment. Es war bereits dunkel und keiner von uns hatte die Absicht ins Meer zu gehen, um zu schwimmen. Zuerst setzten wir uns alle in den Sand und sahen aufs Meer hinaus. Da standen unsere Kinder auf und standen bis zu ihren Knien ins Meer. Dann fragten sie mich, ob Natalie jetzt gerade auch hier sei. Ich sagte: «Natürlich ist sie bei uns.» Ich spürte ihre Energie ganz klar und dann hörte ich sie sagen, dass die Kinder jetzt aber nicht ins Wasser gehen sollten. Ich sagte ihr, dass sie dies auch gar nicht vorhätten. Da sagte sie mir wieder sehr bestimmt, dass die Kinder jetzt auf keinen Fall schwimmen gehen sollten. Was ich da hörte, gab ich natürlich gleich an Jannik und Colleen weiter und da wollten sie wissen, was denn so Gefährliches im Wasser sei. Also fragte ich Natalie wieder und sie gab mir zu verstehen, dass ich jetzt nicht wissen müsste, weshalb, ich solle nur schauen, dass die Kinder nicht schwimmen gehen. Wir bedankten uns dann bei ihr und fragten nicht mehr weiter. Wir schlenderten anschliessend am Strand entlang und kamen zu Felsen die einen einluden, um zu verweilen. Der Mond schien und die Stimmung war sehr schön. Wir zückten unsere Handys und begannen Fotos zu machen. Ich drückte einfach blind drauflos, denn man konnte bei der Dunkelheit nicht sehen was man da fotografiert. Danach sah ich aufs Foto und da war eine „Schliere" so ein Streifen, wie verpixelt darauf. Ich fand es sehr seltsam. Dieser Streifen befand sich aber nur auf einem einzigen Bild. Auf allen anderen Fotos, die ich unmittelbar vor und nach diesem einen gemacht hatte, blieb alles klar und deutlich. Ich fragte Natalie, ob sie mir sagen könnte, was ich da gerade eben fotografiert habe. Die Antwort war unfassbar! Sie erklärte mir, dass ich soeben ihre Aura, also ihr Energiefeld abgelichtet hätte, einfach unglaublich! Als ich das wusste, fragte ich sie, ob sie mir bitte sagen könnte, wann ich nochmals abdrücken solle, denn ich wollte versuchen, ob ich es nochmals schaffe, ihr Energiefeld zu fotografieren. Ich hielt meinen Finger bereit zum Abdrücken und da zuckte er auf einmal, schnellte nach vorne auf den Auslöser und machte somit ein Foto. Als ich es mir ansah, waren da lauter „Schlieren" im Bild und ich war zuerst etwas enttäuscht. Da vernahm ich aber, dass dieses Bild eine Besuchergruppe aus der geistigen Welt sei und wir keineswegs allein seien. Wir freuten uns alle sehr darüber, bedankten uns und fühlten uns reich beschenkt.

Als ich diese Fotos meiner Schwester zeigte, fiel ihr auf, dass auf dem Foto mit Natalies Energie die Welle unmittelbar darunter gebrochen war. So, als ob eine Kraft, die Welle, da wo der Energiestreifen das Meer berührte, herunterdrückte oder eben brechen würde. Auch sehr speziell ist, wenn man das Foto vergrössert, erkennt man verschiedene Farben in diesem Streifen, Farben wie bei einer Aura. Für uns war klar, dass ist Natalie! Seit diesem Abend versuche ich immer mal wieder ein solches Foto zu machen, aber bis jetzt gelang es mir leider nicht mehr.

Jeweils morgens, als die Kinder noch schliefen, machte ich mir einen Kaffee bereit und begab mich zum Strand. Die Ruhe so früh am Morgen und die Stimmung am Meer waren einfach traumhaft. Manchmal begleitete mich Rick und dann sassen wir einfach im Sand oder wir spazierten am Strand entlang. Ich genoss diese Zeit, diese Stille. An manchen Morgen setzte ich mich auch allein hin und machte eine geführte Meditation, die mir mein Mann vor den Ferien von CDs auf mein Handy geladen hatte. Jeweils danach, wenn ich wieder zurück zu unserem Ferienhäuschen spazierte, fühlte ich mich gestärkt und bereit für den Tag. Wir haben in dieser kurzen Ferienwoche viel geweint, aber auch gelacht, waren sehr dankbar für die Familienzeit, die so kostbar ist.

Als die Ferien vorbei waren und wir uns von dem Meer verabschieden mussten, waren wir alle tief traurig, fühlten wir uns doch alle noch mehr mit

Natalie verbunden, solange wir am Meer sein konnten.

Kapitel 10
Nächster Schreck, einmal mehr müssen wir vertrauen

Am 16. August 2018 bekam ich ein Telefon von meinem Vater. Ganz aufgelöst vor Sorge erzählte er mir, dass meine Mutter per Notfall ins Krankenhaus musste. Sie habe keine Luft mehr gekriegt und werde gerade untersucht, denn die Ärzte wüssten auch nicht, was die Ursache sei. Ich versuchte meinen Vater zu beruhigen, was natürlich nicht funktionierte. So schnell wie irgend möglich fuhr ich ins Spital, wo bereits meine Schwester bei unserem Vater im Wartezimmer sass. Da die Ärzte noch keine Diagnose bereit hatten, verband ich mich mit Natalie. Ich fragte sie, ob sie mir vielleicht sagen könnte, was ihre Nana (meine Mutter) hat, wo die Ursache liegt für ihr so schweres Atmen. Ich vernahm eine Antwort, war mir aber nicht sicher, weshalb ich mich auf die Toiletten zurückzog. Da war es ruhig und ich konnte mich auf das Gespräch mit Natalie konzentrieren. Die Antwort war wieder die gleiche wie schon vorher im Wartezimmer. Ich kramte in meiner Handtasche nach einem Zettel und einem Stift und schrieb auf, was Natalie mir sagte. Anschliessend ging ich zurück ins Wartezimmer. Mein Vater war voller Sorge und meine Schwester kämpfte mit sich selbst. Das Krankenhaus und die Apparate, die überall piepsten, brachten sie in ihren Gedanken unweigerlich zurück an Natalies Spitalbett. Sie rang mit den Tränen aber ihre Sorge um unsere Mum liess es nicht zu, dass sie nach Hause ging. Wir drei sassen in diesem Wartezimmer. Keiner sagte etwas. Mein Gespräch mit Natalie behielt ich vorerst für mich, da ich wusste, dass mein Vater sichtlich seine Mühe hatte, mit dem was ich da tat. Er war auch einer meiner grössten „Zweifler", was sicherlich mit seiner Generation zu tun hat. Als die Untersuchungen endlich fertig waren, setzten wir uns ans Bett von Mum. Da fiel die Diagnose. Es war eine schwere Lungenembolie, ganz nahe am Herzen. Ich sah meinen Vater direkt in die Augen und sagte: „Ich weiss, Natalie hat es mir gesagt, aber wir sollen uns keine Sorgen machen, denn es sei nicht so schlimm." Die Augen meines Vaters wurden riesig, als ich ihm den Zettel hinlegte, auf den ich es geschrieben hatte. Für mich war klar, trotz der schwierigen Situation, in der wir uns gerade befanden, war dies ein wichtiger und entscheidender Moment für meinen Vater. Er bekam einen unumstösslichen Beweis für Natalies Existenz. Nun musste er mir glauben, denn wie sonst sollte ich wissen, dass meine Mum eine Lungenembolie hatte und dass ich mir aber keine Sorgen bezüglich ihrer Heilung machen sollte.

Da stand auch eine Krankenschwester neben dem Bett meiner Mutter. Während sie an einem Monitor verschiedene Werte abgelesen hatte, lauschte sie natürlich, über was ich da sprach und meinte dann nur so, dass die Sorge um meine Mutter schon berechtigt sei. Für mich gab es aber keine Zweifel, ich war mir so sicher, dass alles gut kommt. Woher meine Sicherheit kam, konnte ich selbst nicht erklären. Das Wissen darum gab mir die Zuversicht, positiv zu denken obwohl ich wusste, dass es sicherlich Zeit und einiges an Geduld brauchen würde, bis meine Mutter wieder gesund sein wird. Ich war mir einfach sicher.

Seit dem 5. November 2017 vergoss meine Mum kaum eine Träne. Der Schmerz über den Verlust ihrer geliebten Enkelin Natalie hatte sie im wahrsten Sinne verschlossen, irgendwie zu gemacht, blockiert. Durch das sie nicht richtig weinen konnte und ihre tiefe Trauer innerlich verarbeitete, kam es zum Knall. Ihr Körper konnte dem Druck nicht mehr standhalten. Es entwickelte sich eine Lungenembolie nahe am Herzen. Ihr blieb buchstäblich die Luft weg. Diese Situation brachte sie dazu, sich auf sich selbst zu konzentrieren. Als Daniela an ihre Seite beim Spitalbett trat und sich über sie beugte, flossen zum ersten Mal die Tränen. Endlich konnte unsere Mum der Trauer Raum geben.

Es brauchte einige Zeit, aber unsere Mutter erholte sich, genau wie Natalie es gesagt hatte.

Kapitel 11
Suchen und Finden eines Übungszirkels

Als wir wieder aus unseren Ferien zurück waren, machte ich mich auf die Suche nach einem geeigneten Übungszirkel. Ich wollte unbedingt mit Menschen in Kontakt kommen, die genauso fühlten wie ich. Üben wollte ich und mich austauschen mit Gleichgesinnten. Einen Lehrer finden, dem ich meine Fragen anvertrauen konnte. Die Suche stellte sich aber als gar nicht so einfach heraus. Im Internet stiess ich auf einige Medien, die sich in der näheren Umgebung von meinem Wohnort befanden, aber irgendwie passte keines so richtig. Ich konnte meistens nicht genau sagen, woran es gelegen hatte. Mein Bauchgefühl meinte einfach nein, nicht stimmig. Bis ich dann eines Tages auf ein Video gestossen bin, in dem zu sehen war, wie ein Medium einen Jenseitskontakt herstellte. Ich war sprachlos und voller Bewunderung für diese Frau. Ihr Name lautet Martina Camenzind. Ich also sofort ins Google und gab diesen Namen ein. Alles was ich von ihr finden konnte, habe ich gelesen oder mir angeschaut. Es passte für mich! Diese Person wollte ich näher kennenlernen und herausfinden, ob wir in Resonanz gehen. Am Abend, als mein Mann von der Arbeit nach Hause kam, zeigte ich ihm das Video, welches mich sofort gefesselt hatte. Dabei sagte ich zu ihm, dass ich das, was Martina Camenzind da machte und vor allem wie sie es machte, dass ich das auch so können möchte. Ich wollte zu ihr in den Zirkel, um zu lernen. Rick war auch damit einverstanden, was mir sehr wichtig war, bevor ich mich mit ihr in Verbindung setzen wollte. Am nächsten Tag nahm ich all meinen Mut zusammen und telefonierte mit Martina Camenzind. Von Anfang an fühlte ich mich wohl. Ihre Stimme war ruhig und sehr angenehm. Sie nahm sich Zeit und hörte mir einfach zu, was ich sehr schön fand und in unserer heutigen Zeit nicht mehr selbstverständlich ist. Sie erzählte mir dann, dass sie in Kürze eine Basisausbildung zur Medialität durchführe. Diese Ausbildung dauere sechs Wochenenden lang und am ersten Wochenende werde sie vor allem die Begriffe beziehungsweise die Bedeutung von Inspiration, Intuition, Sensitivität und Medialität erklären. Ob ich nicht Lust hätte, an diesem ersten Wochenende teilzunehmen. Das wäre ein guter Einstieg, um nachher den Zirkel zu besuchen. Das war meine Chance! Für dieses Wochenende meldetet ich mich sogleich an und freute mich riesig, denn jetzt fühlte ich mich gut aufgehoben. Ich hatte endlich die Gelegenheit, um mit Menschen zu üben und über „mein" Thema zu sprechen. Nun konnte ich weiter lernen.

Voller Neugierde und bis zum Rand gefüllt mit Vorfreude, begab ich mich am Samstag, den 15. September 2018, in Richtung Wil SG. In der wunderschönen und herzigen Altstadt von Wil, in alten Gemäuern fand das Wochenende statt. Die Teilnehmer/innen waren unterschiedlichen Alters und es nahmen sehr wohl Frauen wie Männer teil. Sehr gespannt darauf, was mich hier erwartet, setzte ich mich in die kreisrunde Stuhlreihe. Als alle eingetrudelt waren, begrüsste uns Martina Camenzind. Nachdem sie uns die Inhalte und Ziele des Tages vorgetragen hatte, bat sie jeden einzelnen Teilnehmer sich kurz vorzustellen ohne zu viel von sich preis zu geben. Es sei wichtig nicht viel oder besser noch gar nichts über sich und seine eigene Geschichte zu erzählen. Auf diese Weise seien wir anschliessend beim Üben nicht voreingenommen. Also stellten wir uns nur kurz mit Namen, Wohnort und wie lange wir uns schon mit der geistigen Welt beschäftigen vor. Da sassen Teilnehmer/innen in der Runde, welche schon eine Ausbildung in Sachen Medialität absolviert hatten oder eben auch solche wie ich, die Neuland betraten. Sobald sich alle vorgestellt hatten, führte uns Martina an die erste Übung heran. Sehr klar und achtsam erklärte sie uns das Vorgehen, half uns in die Verbindung mit der geistigen Welt zu gelangen. Sie brachte uns die Begriffe Sensitivität und Medialität nahe und führte uns zu wundervollen Ergebnissen. Ihre liebe Art beflügelte und inspirierte mich. Zugleich überraschte es mich, zu was ich selbst und jeder einzelne in diesem Raum fähig waren. Es gelangen mir, zu meiner eigenen Überraschung, sehr schöne, aussagekräftige Jenseitskontakte. Auch wichtige Beweise, die es brauchte, blieben nicht aus, so dass mein Gegenüber einen seiner Lieben im Jenseits klar erkennen konnte. Es begeisterte mich ungemein und stimmte mich gleichzeitig sehr traurig, da hinter jedem Jenseitskontakt eine schmerzlich vermisste liebe Person steht. Bei einer Übung setzten wir uns immer zu zweit gegenüber. Einer „spielte" das Medium der andere den Klienten. Die sogenannten Klienten bekamen den „Auftrag" an jemanden seiner Lieben im Jenseits zu denken und das Medium sollte versuchen, sich in die Energie einzuloggen, um heraus zu spüren, um wen es sich handelte. Mein Medium erkannte sehr schnell Natalie. Mir schossen die Tränen in die Augen und ich war so dankbar, dass sie sich zeigte, aber auch dass sie erkannt und so unglaublich präzise beschrieben wurde. Als wir dann die Übung in der umgekehrten Weise machten, dachte ich zuerst, ich könne dies nicht so gut. Doch zu meiner Freude gelang ein Kontakt und meine Klientin erkannte, von wem ich da sprach, wen ich da wahrnahm. Es war ein super Gefühl! An diesem Wochenendseminar fuhren meine Emotionen Achterbahn. Bei der einen Übung war ich überglücklich, da mir vieles richtig gut gelang, bei der anderen Übung wiederum kam ich an meine Grenzen, bei der ich auf Unterstützung von Martina angewiesen war. Dieser Samstag verging viel zu schnell. Obwohl ganz viel Neues auf mich einprasselte, was ich zuerst verarbeiten musste oder besser gesagt durfte, war ich keineswegs müde. Im Gegenteil, am liebsten hätte ich noch gerne weitergemacht. Der erste Tag dieses Weekends war einfach genial und ich wusste, dass ich am richtigen Ort war. Auf dem Nachhauseweg fühlte ich mich so glücklich und dankbar.

Wieder Zuhause erzählte ich meiner Familie von meinem spannenden Tag. Ich steckte alle mit meiner Begeisterung an und ich freute mich riesig auf den nächsten Tag.

Der nachfolgende Tag präsentierte sich genauso spannend und interessant wie der erste. Unglaublich, keine Übung war gleich wie die andere. Martina Camenzind überraschte immer wieder aufs Neue mit Ideen und stellte uns vor herausfordernde Aufgaben. Die grösste Herausforderung lag darin, sich selbst zu vertrauen und sich führen zu lassen von der geistigen Welt. Viele Übungen befassten sich auch mit dem sensitiven Fühlen. So fühlten wir über die Energie unseres Gegenübers, welchen Charakter diese Person aufweist, wie sie so unterwegs im Leben ist oder wie sie wohnt, ob sie Kinder hat und so weiter. Es war sehr spannend! Martina führte uns durch Meditationen, lehrte uns, wie wir Zeichnungen und Karten lesen können und vieles mehr. Eine Übung, welche mich sehr berührte und tief bewegte, war der Brief. Wir, also jeder einzelne Kursteilnehmer, sollten uns einen lieben Menschen in der geistigen Welt aussuchen, von dem wir gerne einen Brief erhalten würden. Gleichzeitig sollten wir uns ein Blatt Papier und einen Schreibstift zur Hand nehmen. Danach spielte Martina einige ausgewählte Songs ab ihrem Smartphone vor und wir verbanden uns mit der geistigen Welt. Martina erklärte, dass wir einfach drauflosschreiben sollten, ohne darüber nachzudenken. Sobald es nicht mehr fliesst, sobald es beginnt zu stocken oder wir das Gefühl hätten, wir müssten mitdenken, sei der Brief zu Ende. Denn ab diesem Zeitpunkt schaltet sich unser Hirn mit ein, somit würden dann wir und nicht mehr die geistige Welt schreiben.

Hier ist mein Brief von Natalie:

Liebes Gotti

Schön, dass du mit mir in Kontakt bist auch über die Grenzen hinaus. Es macht mich glücklich und zufrieden. Mich macht auch stolz, wie du und Mum zusammen arbeiten. Dad müsste sich noch mehr öffnen und dann wär's perfekt. Ich bin immer bei euch, auch wenn ihr mich nicht sehen könnt. Es gibt keine Grenzen für Gefühle, wir sind alle eins. Es ist schön, dass euch das zu Lebzeiten bewusst wurde. Wir sind über die Grenzen hinweg verbunden für immer. Die Liebe

stirbt nicht. Den Tod gibt es nicht wirk-
lich. Wir leben ewig. Bitte sage das allen.

Als ich den Brief durch zu lesen begann, liefen mir die Tränen runter wie aus einem Wasserfall. Ich war aber keineswegs die einzige. Als ich mich in der Runde umsah, konnte ich feststellen, dass es den meisten so erging wie mir gerade. Einfach unglaublich was da auf dem Papier stand! Sobald alle sich wieder gefasst hatten und somit bereit waren weiter zu arbeiten, erklärte uns Martina, wie die nächste Übung aussah. Zuerst setzten wir uns wieder zu zweit gegenüber. Niemand hatte eine Ahnung, von wem unser Gegenüber einen Brief erhalten hatte geschweige denn Kenntnis über den Inhalt. Unsere Aufgabe bestand nun darin, sich in die Energie des Gegenübers einzufühlen, einzuloggen, um zu erfühlen, von wem sie einen Brief erhalten haben. Auf diese Weise gelang man relativ schnell in die Energie von dem verstorbenen Menschen, der dem Gegenüber einen Brief geschrieben hatte. Nun bekam man ganz einfach die Informationen durch den Jenseitskontakt. Es war unglaublich! Uns war es möglich den Briefinhalt wieder zu geben plus eine zusätzliche Botschaft. Wir waren sehr gerührt und überaus dankbar für diese wundervolle Übung.

Von diesem Wochenende konnte ich ganz viel neues Wissen mit nach Hause nehmen, was mich weiter brachte auf meinem Weg, welchen ich am 5. November 2017 begonnen habe. Es ist erschütternd, dass immer zuerst etwas so Schreckliches passieren muss, bevor der Mensch bereit ist, sein Leben umzukrempeln.

Von diesem Tag an besuchte ich so ziemlich jeden Zirkel bei Martina. Er findet meistens nur einmal im

Monat statt und daher lässt es sich gut einrichten regelmässig teilzunehmen. Für meinen Geschmack dürfte der Zirkel auch öfters stattfinden, aber Martina ist so engagiert, dass ihr keine Kapazitäten an freier Zeit mehr zur Verfügung stehen.

Bei diesen Übungszirkeln treffe ich immer wieder auf wunderbare Menschen. Jeder für sich ist ein Unikat und wir lernen gegenseitig voneinander. Diejenigen Teilnehmer, die schon eine Ausbildung in medialer Arbeit absolviert haben, inspirieren und helfen mir auf meinem eigenen Weg. Mit der geistigen Welt zu arbeiten ist für mich ein Geschenk und mich im Zirkel auszutauschen ist eine grosse Bereicherung für mein Leben. Für mich ist ein Leben ohne die geistige Welt nicht mehr vorstellbar.

Kapitel 12
Üben, noch mehr Wissen aneignen, Rückschläge

Mein Wissensdurst reisst nicht ab und ist noch riesig. Immer wieder fand ich mich im Buchhandel wieder. Stöberte ein Regal nach dem andern durch, setzte mich mit ein paar ausgewählten Exemplaren in eine lauschige Ecke und las von jedem einzelnen einige Seiten durch, um zu entscheiden, welche Bücher ich kaufen sollte. Alles faszinierte mich. Die Bücher von Pascal Voggenhuber wie zum Beispiel: „Die geistige Welt hilft uns", „Botschafter der unsichtbaren Welt", Entdecke deine Sensitivität", „Nachricht aus dem Jenseits 2.0", „Enjoy this life in 30 Tagen zu dir selbst" oder „Zünde dein inneres Licht an". Weitere Bücher von Pascal Voggenhuber sind im Besitz meiner Schwester. Unter anderem das Buch „Kinder in der geistigen Welt" welches ich ihr schenkte, habe ich natürlich auch gelesen. Des Weiteren befinden sich Bücher zum Thema Aura Reading, Astral-Reisen, Numerologie, Quanten-Philosophie und Quantenheilung in meiner Bibliothek. Zudem lese ich Bücher über Engel, das Christentum und den Buddhismus. Unter anderem bin ich im Besitz eines Buches, in dem Kinder von der Zeit vor ihrer Geburt berichten oder das Buch „Die geistigen Gesetze" von Kurt Tepperwein. Alles sehr spannende Bücher. Da mich Tiere schon mein ganzes Leben begleiten und mir schon immer sehr wichtig waren, interessiert es mich natürlich auch, wie die Arbeit eines Tierflüsterers funktioniert. Also zählen auch Bücher über dieses Thema zu meiner Sammlung. Ich könnte noch viele weitere Bücher aufzählen. In einigen Exemplaren befinden sich

Übungen. Die meisten Übungen gelingen mir recht gut und sie bringen mich weiter im Erkennen der Zusammenhänge, im Verstehen der göttlichen Matrix.

Wie unabhängig wir doch alle sein möchten und dabei sind wir doch alle miteinander verbunden. Alles was wir denken, fühlen, tun, jedes Wort, welches wir aussprechen, hat eine Wirkung auf unser Umfeld. Nicht aber nur auf das Aussen, sondern auch auf unser Inneres. Wir sind also im Stande uns gesund aber leider auch krank zu denken. Nur mit unseren Gedanken!

Nun ja, Bücher lesen und studieren ist sicherlich eine gute Sache. Wie mir aber mein Grossvater in einem „geschenkten" Jenseitskontakt mitteilte, sollte man das Leben dabei nicht vergessen. Unter einem geschenkten Jenseitskontakt verstehe ich, wenn mir mein Gegenüber in einer Übung einen Jenseitskontakt schenkt. Das Wesentliche beim Lesen ist, so finde ich es zumindest, herauszufühlen, was für einen selbst in diesem Moment, also im jetzigen Augenblick wichtig ist. Danach den Fokus darauf richten und ins Handeln kommen. Das kann bedeuten, man übt sich mehr im Meditieren oder aber im sensitiven Arbeiten, Aura sehen, Jenseitskontakte herstellen, bewusst in Menschen einfühlen, den eigenen Körper scannen und abfragen und noch einiges mehr. Das Lesen spornt mich aber auch an, irdisches Schaffen anzugehen, indem ich versuche meinen Seelenplan umzusetzen oder wie man heute sagt, zu transformieren. Eines dieser Projekte hältst du, mein lieber Leser, in deiner Hand.

In den Zirkeln lernte ich mit so vielen verschiedenen Menschen die Übungen, die Martina uns immer wieder auf so wunderbare Art und Weise auftrug.

Jede Übung war anders, obwohl das Thema ja eigentlich immer dasselbe ist. Ich übte und übte, stellte Fragen, lernte verschiedene Techniken kennen und versuchte dabei meinen eigenen Weg, meine eigene Technik zu finden. Je mehr ich mit der geistigen Welt arbeitete, desto höhere Ansprüche stellte ich an mich selbst. Das Problem aber bestand darin, je mehr ich mich darauf verkrampfte einen schönen und aussagekräftigen Jenseitskontakt zu geben, desto schwerer fiel es mir zu „empfangen"! Es ging dann zeitweise so weit, dass ich an meiner sogenannten „Fähigkeit" zweifelte. Wohlverstanden, Zweifel an der geistigen Welt hatte ich keineswegs, nein, ich zweifelte an mir, an meinem Wahrnehmen. Es stellten sich mir solche Fragen wie: Was tue ich hier eigentlich? Es gibt schon so viele Menschen, die das viel besser beherrschen als ich es je werde! Gehört dieses „Schaffen" wirklich zu meinem Lebensplan?

Ich war und bin es noch heute, sehr dankbar, dass ich Menschen an meiner Seite haben darf, die mir von ihren eigenen Rückschlägen berichten und mir Mut machen, meinen eigenen Weg zu gehen. Martina hilft mir und anderen Zirkelmitgliedern immer wieder aus solchen „selbstkreierten" Krisen heraus. Sie erklärt uns auch immer wieder, wie wichtig es sei, nicht zu sehr zu „wollen", sondern es einfach fliessen zu lassen. Je mehr wir wollen, desto mehr stehen wir uns selbst im Wege. Da kommt mir gerade wieder in den Sinn, was Pascal Voggenhuber uns im Workshop mitgegeben hatte. Wir sollten nichts erwarten, sondern offen sein, wir sollten nicht „schlafen" beziehungsweise halb meditieren, sondern wach sein und wir sollten mit der geistigen Welt sprechen. So nach dem Motto, wer nicht fragt, bekommt auch keine Antwort.

An manchen Tagen klingt das alles recht einfach und mir ist es auch möglich, diese Ratschläge zu befolgen und an manchen Tagen, naja, da fällt es mir sehr schwer.

Am Anfang, als ich begonnen habe mit Natalie zu sprechen, freute ich mich über jedes einzelne Detail. Offen für alles, fiel es mir sehr leicht ihren Erzählungen zu lauschen, ihre Bilder zu deuten und ihre Gefühle wahrzunehmen. Auf diese Weise gab sie mir auch so viele wunderbare Botschaften für ihre Mum und ihren Dad durch, die ich natürlich mit Freude weitergeben durfte. Jede Botschaft war geprägt mit so viel Liebe und beinhaltete aber auch immer einen, ja wie soll ich es anders sagen, einen Hinweis, der ihnen half, weiter zu gehen.

In unzähligen Kontakten mit Natalie erzählte sie mir, wie schon weiter oben geschrieben, von ihrem Unfall aber auch von ihrem Leben in Australien. Sie benannte mir ihre glücklichsten Momente in Down Under aber auch die Situationen, die ihr nicht gefallen haben.

Eine Aussage aber, die mich und meine ganze Familie umgehauen hatte, war, als Natalie mir erklärte, dass es für sie absolut gestimmt hat zu sterben! Sie habe es gewusst, natürlich nicht in ihrem irdischen Bewusstsein, nein, ihre Seele habe es gewusst und es sei absolut in Ordnung für sie. Sie habe ihren Seelenplan vollendet und sie ist glücklich.

In einem anderen Kontakt sagte sie mir, dass ihre Mum und ihr Dad ihr kein grösseres Geschenk hätten machen können, als sie gehen zu lassen, indem sie ihre Seele frei gaben. Solche Aussagen lösten in uns allen natürlich grosse Trauer aber auch eine tiefe Dankbarkeit aus.

75

Auf eine Frage aber bekam ich keine klare Antwort, die da lautete, weshalb sie keine Sandbilder mehr mit dem Pendel mache. Auf die Bitte hin, mir doch eine verständliche Antwort oder zumindest eine Erklärung dafür zu geben, bekam ich, „es komme jetzt anderes zu uns…"? Da ich wieder einmal mit meinem Latein am Ende war, bat ich Martina um einen offiziellen Sitzungstermin für einen Jenseitskontakt. Ich erhoffte mir einmal mehr Klarheit zu erlangen und auf meine Fragen Antworten zu erhalten. Am 22. November 2018 fuhr ich zu Martina Camenzind. Sie begann mit der Sitzung und erzählte mir von Natalie. Dabei erzählte sie mir, dass Natalie keine Angst hatte, als es geschah, denn ihr war nicht wirklich bewusst, in welcher Gefahr sie sich befand. Martina hörte von Natalie, in welchen Schockzustand unsere ganze Familie gefallen war, wie eine Bombe sei der Unfall bei uns eingetroffen, ganz schlimm, ganz heftig. Martina sagte aber auch, dass es für Natalie gestimmt hat, dass es Zeit für sie war zu gehen. Diese Aussagen gaben mir wieder einmal die Bestätigung, die ich brauchte. Meine Wahrnehmung stimmte, Natalie hatte keine Angst und es stimmte für sie. So unglaublich wie dies alles klingt, aber es ist wahr. Allerdings auf meine Frage wegen dem Pendel im Sand, konnte Martina mir auch nicht weiter helfen. Die Sitzung tat mir gut und ich fühlte mich bestätigt in meiner Wahrnehmung, wofür ich sehr dankbar war.

Beinahe ein Jahr war vergangen seit Natalie von uns ging, also das irdische Leben verlassen hatte. Wir wussten, der erste Jahrestag, der 30. November 2018 stand uns bevor. Doch als ob es noch nicht genug wäre, musste ich meinen Ehemann Rick mit beinahe unerträglichen Bauchschmerzen per Notfall ins Krankenhaus bringen. Es wurde ein Darmverschluss diagnostiziert. Mit Medikamenten und Schonkost erholte sich Rick wunderbar, ohne dass ein operativer Eingriff von Nöten wurde. Leider aber stellten die Ärzte auf einem Röntgenbild fest, dass sich Flüssigkeit auf einer Lunge befand. Da fingen mehrere Untersuchungen an, um herauszufinden woher die Flüssigkeit gekommen war. Schlussendlich musste sich Rick einem Eingriff unterziehen lassen, wobei ihm die Flüssigkeit aus der Lunge entfernt wurde. Da der Eingriff an einem lebenswichtigen Organ stattfand, wurde er danach zur Überwachung in die Intensivstation verlegt. Als ich ihn dann in der besagten Station besuchen durfte, jährte sich Natalies Todestag. Ich sass dann am Bett von Rick. Überall aus seinem Körper schauten Schläuche heraus und rund um ihn piepsten die Monitore. Als Rick aus der Narkose erwachte und wir beide uns ansahen, konnten wir nicht anders als zu weinen. Alles war so unendlich traurig. Als uns die Krankenschwester so sah, wollte sie uns aufmuntern, indem sie kleine Spässe machte. Als wir ihr aber von Natalie erzählten, weinte sie mit uns. Es war ein sehr trauriger Tag und trotzdem war ich dankbar, denn Ricks Operation verlief problemlos. Auch erholte er sich wieder und war an Weihnachten schon fast wieder der alte.

Meine Schwester und auch Hännes versuchten mir zu helfen, wo sie nur konnten, obwohl sie ja selbst keinen Plan hatten, wie sie diese schwere Zeit überstehen sollten. Was ihnen aber unmöglich war, war Rick im Spital zu besuchen. Das brachten sie bei all ihrer Stärke nicht fertig. Der Schmerz, die Bilder, die sofort wieder auftauchten, die so schlimmen Erinnerungen, wie sie ihren so innig geliebten

Schatz, umgeben von all diesen piepsenden Monitoren, liegen sehen mussten. Dem wollten sie sich nicht ausliefern. Auch unsere Kinder, Colleen und Jannik, reagierten eher verhalten. Sie hatten sich durch all die Trauer und Ängste eine Mauer aufgebaut. Sie zogen sich zurück. Ich versuchte so positiv wie nur irgendwie möglich zu sein, um sie abfangen zu können.

Ich hatte zahlreiche Fragen an die geistige Welt. „Wo wart ihr"? „Weshalb geschieht all das"? „Warum lässt ihr dies zu"? Antworten bekam ich ganz viele und mir wurde bewusst, dass ich nie allein war. So vieles hat gepasst, so vieles wurde klar. Auch habe ich erkennen dürfen, dass ich, genauso wie meine Schwester, jemanden strömen konnte. Einmal mehr, in all der Angst und Trauer, ja sogar Hilflosigkeit, habe ich dazu gelernt. Etwas ganz Wichtiges, welches ich für mich gelernt hatte, war, dass ich mich auf mich selbst verlassen kann. Das klingt jetzt total doof, aber es ist so. Die Situation, in der ich mich befand, war alles andere als gut. Ich wollte weiterhin für meine Schwester da sein, speziell an diesen Daten, aber natürlich auch für meine Kinder, die durch so viel Trauer auf Rückzug waren. Dazu kam, dass mein Mann im Spital lag und wir nicht wussten, wie das ausgeht. Hinzu kam, dass mein Sohn immer mal wieder davon sprach, dass er sich auf sein Motorrad setze und in eine Wand fahre, dann sei er bei seiner geliebten Cousine. Ja, es war eine Zeit der Probe, so jedenfalls denke ich. Mit Hilfe der geistigen Welt, die mir Kraft, Mut und Zuversicht gab, habe ich mich immer wieder auf das Wesentliche, auf das was gerade im Moment wichtig war, konzentrieren können. Wenn ich im Spital bei Rick war, hatte ich die nötige Ruhe in mir. Zuhause hatte ich die Kraft mit meinen

Kindern zu lachen und für sie positiv zu sein. Ich fand die nötige Zeit um mit Luke unserem Hund eine Runde zu gehen und für meine Schwester konnte ich nach wie vor ein offenes Ohr behalten. Das einzige was ein wenig gelitten hatte, war der Haushalt.

Nochmals zurück zum Strömen. Bevor die Pfleger Rick im Spitalzimmer abholten, um ihn in den Operationssaal zu bringen, habe ich ihn geströmt. Zum ersten Mal überhaupt versuchte ich mich darin. Da meine Schwester viel Übung darin hatte, denn sie strömte ihre Maus Natalie sehr oft, fragte ich zuerst nochmals nach. Daniela erklärte es mir nochmals und dann fing ich an.

Meine Herangehensweise an das Strömen, unterschied sich von Danielas Art soweit, dass ich mich zuerst mit der geistigen Welt verbunden habe. Auf diese Weise konnten die Heilkräfte und gute Energien aus der geistigen Welt durch mich fliessen. Als ich begann Rick zu strömen, wurden meine Hände ganz warm, ja schon fast heiss und es kribbelte bis in den Ellbogen. Ich war gerade fertig geworden, bevor die Pfleger ins Zimmer kamen. Rick war total ruhig und entspannt. Er berichtete mir, als alles vorbei war, dass der Narkosearzt verblüfft über seinen so niedrigen Puls war und dies so kurz vor einer solchen Operation. Als ich das hörte, war ich schon ein bisschen stolz. Es zeigt einem wieder, zu was wir selbst fähig sind, welche Kraft in jedem einzelnen von uns steckt, nur die meisten Menschen haben keine Kenntnis davon. Das ist doch unglaublich!

Ist es nicht so, dass wir Menschen doch intuitiv reagieren, ohne gross darüber nachzudenken? Wenn der Kopf schmerzt, halten wir instinktiv unsere Hand auf die Stirn oder eben an die Stelle, wo der Kopf schmerzt. Verletzt man mit sich ein Körperteil, hält man den verletzten Teil oder man greift unmittelbar daneben, falls die verletzte Stelle blutet. Das geht aber noch weiter. Eltern halten ihre Hände auf den schmerzenden Bauch ihrer Kinder, oder sie halten ihre Köpfe in ihren Händen, wenn sie weinen. Wie oft massieren Eltern die Füsschen von ihren Kleinkindern oder halten sie einfach ihn ihren Händen. Wenn wir Menschen begegnen, denen es nicht so gut geht, legen wir oft für einen kurzen Moment die Hand auf ihre Schulter. Somit schenken wir ihnen für einen Moment Trost, Mitgefühl, Halt, Liebe, Hoffnung, Glaube und unsere Energie, die durch unsere Hand fliessen kann.

Bei jeder Berührung mit einem anderen Menschen erfühlen wir auch unmittelbar, ob wir (salopp ausgedrückt) diesen Menschen mögen, oder ob wir dieser Person lieber aus dem Weg gehen würden. Das meine ich jetzt nicht abwertend. Wir alle sind Energien. Es existieren Menschen mit einer Energie, die einem selbst nicht bekommt und wieder andere, bei denen fühlt man sich gleich wohl. Das ist auch absolut okay so, das darf so sein. Menschen, mit denen man sich vielleicht nicht auf Anhieb gut versteht, haben aber genauso ihre Berechtigung in unserem Leben, wie diejenigen, die wir von Anfang an lieben. Wir begegnen „unseren" Menschen niemals per Zufall. Es gibt Menschen, die einem gut tun, wiederum andere die einem nicht so gut tun. Wir selbst entscheiden im Endeffekt, wie viel Zeit wir mit der jeweiligen Person verbringen. Es ist unsere Entscheidung! Eins ist aber sicher, bei jeder Begegnung lernen wir etwas. Jede Situation hält Inhalte für uns bereit, aus denen wir uns weiterentwickeln, sofern wir sie erkennen und zulassen. Diejenigen Menschen, die einem sprichwörtlich Steine in den Weg rollen, halten uns vielmals den sogenannten Spiegel vor. Denn oftmals zeigen sie uns unsere eigenen Blockaden, die wir uns selbst auferlegen. Wenn wir dies erkennen und daran arbeiten, haben wir etwas gelernt, kommen somit weiter auf unserem Lebensweg. Es kann dann gut passieren, dass wir dieser Person nicht mehr begegnen oder sich unsere Beziehung zu diesem Menschen verändert. Durch das wir in unserem Inneren etwas verändert haben, ändert es sich auch im Aussen. Versuchen Sie es doch einfach einmal für sich selbst aus!

Natalie hinterliess ihren Eltern mehr als 3000 Fotos, die sie in Australien aufgenommen hatte. Diese vielen, so schönen Bilder zeigen auf, wie glücklich sie in Down Under (Australien) gewesen ist. Auf den folgenden Seiten möchte ich Ihnen, liebe Leser, einen kleinen Einblick gewähren. Auf diese Weise dürfen Sie ein Gespür dafür bekommen, wer Natalie war, als sie hier auf Erden lebte. Auch das Foto auf dem Cover zeigt Natalie.

Für den folgenden Text verband ich mich mit der geistigen Welt. Anschliessend explizit mit Natalie. Ich bat sie um ein paar persönliche Worte, da die nächsten Seiten meines Buches ganz direkt von ihr handeln. Obwohl ich wusste, dass sie sehr wohl Kenntnis davon hat, dass ich dieses Buch schreibe, erzählte ich ihr nochmals davon. Daraufhin habe ich sie gebeten etwas dazu zu sagen. Dazu liess ich aus Spotify ein Musikstück abspielen, welches sie nach Aussagen ihrer Freundinnen oft gehört hatte. Ich begann zu schreiben und ich schrieb so lange bis zu dem Punkt, an dem ich hätte beginnen müssen, darüber nachzudenken, was ich denn jetzt schreiben müsste. Also das gleiche wie wir mal in einem Übungszirkel gemacht hatten.

Natalies Worte:

Ihr da draussen nimmt dieses Buch ernst. Es erzählt die Wahrheit, die reine Wahrheit. Es ist noch vielen nicht bewusst, aber wir sind zu Höherem gedacht.

Das Meer, der Ozean ist euer Vorbild. Er reinigt sich selbst von innen heraus. Macht das gleiche, geht mit der Natur, denn ihr seid Natur. Ich liebe euch alle!

Die Sonne das Meer, Wasser und Licht, das ist Leben. Nehmt es euch zu Herzen und strahlt euer Licht so wie die Sonne. Genauso schön wie ein Sonnenaufgang oder -untergang seid auch ihr in euren Herzen. Es benötigt nicht viel nur Vertrauen. Vertrauen in alles was ist.

Meine Gedichte sind meine Seelenstimme. Sie erzählen von einer besseren Welt. Einer Welt, die euch gehören könnte, wenn ihr es zulasst.

Schaut nicht mit den Augen, sondern mit euren Herzen, dann könnt ihr nichts Falsches machen. Seit offen für das Unbekannte, so lasst ihr das Unmögliche zu.

Hilft den Walen und Delfinen und anderen Meeres- und Erdenbewohnern. Dein Gegenüber bist du und du bist dein Gegenüber. Vergesst dies nie!

Meine Person ist nicht wichtig. Es gibt viele, wie ich es bin. Glaubt an euch! Vertraut.

Natalie an einem Morgen auf Fraser Island.

*Das ist meine Welt· Eine Welt im Element Wasser·
Was ist das für eine Welt?*

Mystisch· Zauberhaft· Endlos· Tiefblau· Rauschen·

Es ist mein zu Hause·

Das Meer·

*Musik aus weiter Ferne· Ohne Worte aber doch mit
Bedeutung·*

Oh, das Meer· So gross, so weit·

So schön, so sanft·

So leise, so laut·

So weise, so alt wie die Zeit·

Es ist die Mutter von uns allen·

Meine Augen so blau, wie das Meer· Mein Haar so goldig wie ihre Schätze·

Jeder Tag ein neues Abenteuer·

Jeden Tag ein Wunder·

Aber eine Regel gibt es·

Jedenfalls für mich·

Ich darf es niemals verlassen·

Geschrieben von Natalie

Das Herz eines Delfins

Hier ist meine Welt. Hier lebe ich. Das alles bin ich. Wir sind Lichtbotschaften des Meeres. Warum wir diesen Namen bekommen haben, liegt daran, weil wir voller Liebe sind und diese auch ausstrahlen. Das zieht Menschen an. Menschen, ebenfalls mit einem Herzen der Liebe. Sie kommen zu uns, um unsere Sprache zu lernen. Sich von unserer Weisheit belehren lassen. Aber diese Weisheit steckt bereits in ihnen, nur haben sie sie vergessen, wie man sie umsetzt. Die Menschen sind zu tief in sich selbst hinein versun-  ken, um sie verstehen zu können. Zu sehr beharren sie auf ihrer eigenen Realität. Ihre Herzen sind zu verschlossen. Manche haben sogar Angst vor uns. Da sie sich davor fürchten, ihr Herz zu öffnen. Denn sie wissen genau, dass ihre Maske abfliegen wird, sobald wir Kontakt mit ihrem Herzen aufgenommen haben. Davor fürchten sie sich. Vor ihrer eigenen Wahrheit. Ihrer wahren Identität. Obwohl das völlig absurd ist. Denn eigentlich sind sie von Grund auf voller Liebe.

Wir wollen sie nur heilen· Sie müssen nur lernen, sich zu öffnen· Ihr Herz zu öffnen· Wie wir es tun· Mit Zärtlichkeit· Sanftheit· Wie das Herz eines Babys· Das Wasser ist mein Begleiter· Die Wellen meine Freunde· Und ich bin der Begleiter eines Menschen, auch wenn er es nicht einmal weiss· So, der Kreis des Lebens· Er kann mich nicht hören· Nicht sehen· Denn sein Herz ist zu verschlossen· Auch wenn er krampfhaft nach mir ruft· Sein Glaube an mich fehlt ihm· Sein Glaube ist noch nicht ganz vollendet· Er hat immer noch Zweifel· Er muss mit seinem ganzen Herzen an mich glauben, ehe ich zu ihm gehen kann· Ich gehe zu ihm, wenn er schläft· Da ist sein Herz still und leicht zu erreichen· Es ist jung und mit jungem Leben erfüllt· So kommuniziere ich mit ihm· In dieser Nacht werde ich zu ihm gehen· Ihm mich zeigen und ihm seine Zweifel nehmen· Eine grosse Aufgabe für mich, doch genau deswegen bin ich geboren worden· Das ist meine Lebensaufgabe, die ich mit grosser Liebe erfülle· Die Sonne verschwindet und die Sterne beginnen zu leuchten· Nun ist meine Zeit gekommen· Ich höre seine Herzensmelodie aus ganz weiter Ferne· Meine Sonare suchen und kontaktieren ihn· Er hat Angst und Respekt· Doch dann schlichten sich diese Gefühle· Ich führe ihn zu mir· In meine Welt· Seine Schutzhülle, die ihn umgibt, ist aus Licht· Dieses Licht enthält nur positive Energie und Liebe· Ich schwimme mit ihm in meine Tiefe· Zeige ihm meine Welt· Zeige ihm, dass ich sein Begleiter bin und schon immer war· Ein Teil von mir fliesst in ihm. Ich führe ihm meine Fähigkeiten vor, die auch in ihm stecken. Seine ganze Haltung verändert sich. Sein Gesichtsausdruck wirkt entspannter. Ich lasse ihn meine Energie spüren. Die Angst ist bei ihm verschwunden. Ich schwimme um ihn herum und sprühe so Glaube über ihn und in sein Herz. Er soll strahlen. Von innen nach aussen. Er soll leuchten. Nun lebe ich in ihm und er in mir.

Geschrieben von Natalie

Kapitel 13
Gute Erfahrungen machen dürfen

Seit ich meinen Weg mit der geistigen Welt begonnen habe, fühle ich mich zum ersten Mal in meinem Leben als angekommen. Mir wurde bewusst, wer ich bin. Was wir alle sind. Es ist für mich eine Bereicherung zu wissen, dass wir alle verbunden sind. Ich erinnerte mich auch wieder an gewisse Fragen, die ich mir selbst aber auch an meine Eltern stellte, auf die mir aber nie jemand eine Antwort geben konnte. Es gab immer wieder Menschen, sei es in der Kindheit aber auch im Erwachsenenalter, die mit mir nicht klargekommen sind, einfach weil sie meinen Gedankengängen nicht folgen konnten. Mittlerweile konnte ich mir selbst Antworten auf die vielen Fragen, die ich hatte, geben. Heute ist mir einiges klar, ich habe Klarheit erlangt, nicht in allem, oh nein, aber in einigen Dingen. Hierfür bin ich von Herzen dankbar. Manchmal aber fühle ich mich so sehr schuldig, dass zuerst so etwas unaussprechlich Schlimmes passieren musste, bevor ich mich auf diesen meinen Weg begab. Warum musste Natalie zuerst sterben, bis mir klar wurde, wer wir sind!? Das macht mich unendlich traurig.

Leider ist es aber so, dass ich kein Einzelfall bin. In den meisten Fällen muss immer zuerst etwas Schlimmes geschehen, bevor wir bereit sind etwas zu verändern. Die Veränderung findet aber immer zuerst in uns selbst statt. Ja, diese Tatsache ist den meisten Menschen bewusst oder doch nicht? Wie oft haben wir den Satz schon gehört, kehr zuerst vor deiner eigenen Türe bevor du jemand anderen schlechtredest. Oder, wie oft fragte ich meine Kinder, wenn sie Streit hatten mit einem „Gspänli": „Was hast du getan, dass dein Freund / deine Freundin so reagiert hat"? Ich bin mir sicher, dass genau dieser Satz schon oft von Müttern und Vätern an ihre Töchter oder Söhne gestellt wurde. Und weshalb? Weil wir tief in uns drin das Wissen besitzen über das Gesetz von Ursache und Wirkung. Wie du mir, so ich dir! Unser aller Problem ist es aber, das wir trotz unserem inneren Wissen, verlernt haben darauf zu hören und darauf zu vertrauen. Wenn uns etwas Schlechtes widerfährt, suchen wir im Aussen den vermeintlichen Verursacher. So nach dem Motto, irgendjemand da draussen muss schuld an meiner Misere sein. Sofort fühlt man sich in der Opferrolle. Den wenigsten aber ist bewusst, dass der einzige Mensch er selbst ist, der die Macht besitzt, einen in die Opferrolle zu drücken. Man hört oft von Kindern, die gemobbt wurden, dass sie später mit anderen das gleiche machten oder den Satz, „Immer musste ich um alles kämpfen, jetzt sollen mal die anderen schauen, wo sie bleiben"! Wenn uns aber klar wird, dass wir unser Leben verändern können und dies nur indem wir unsere Gedanken ändern, leben wir mit einem anderen Bewusstsein. Uns wird also unser inneres, tiefes Wissen bewusst und somit möglich, es auch umzusetzen, also anzuwenden! In jedem von uns schlummert ein riesiger Schatz an Wissen. Wir besitzen die Gabe uns selbst und andere zu heilen. Auf seelischer aber auch auf physischer Ebene. Wir haben die Macht, mit unseren Gedanken unser Leben zu steuern. Wir besitzen aber nicht das Recht zu urteilen, denn jeder einzelne Mensch ist einzigartig und genau richtig, so wie er ist.

Jetzt bin ich wieder vom Thema abgekommen, was aufzeigt, wie gross das grosse Ganze ist. Also zurück zum eigentlichen Thema dieses Kapitels.

95

In den besuchten Zirkeln lernte ich so unglaublich tolle Menschen kennen. Jeder einzelne von ihnen hat eine ganz eigene Gabe. Auf seine Art und Weise versucht jeder einzelne Teilnehmer nach seiner einzigartigen Intuition und Wahrnehmung zu arbeiten. Es ist immer wieder erstaunlich, wie viel wir durch das Arbeiten mit der geistigen Welt und über unsere eigene Intuition zu erzählen vermögen.

Aber eine der wichtigsten Erkenntnisse, die ich auf meinem Weg erlangen durfte ist, unser Bewusstsein hat nichts mit unserem Gehirn zu tun. Unser Bewusstsein ist nicht von unserem physischen Körper abhängig, es hat schon vor dem Körper existiert und existiert auch nach dem Körper weiter. Damit meine ich natürlich unser tiefstes Bewusstsein, nicht dasjenige welches von unserem Ego gesteuert wird. Dieses Wissen hilft mir und meiner ganzen Familie mit dem Verlust von Natalie zu leben. Denn wir wissen, dass wir nicht sterben können. Unser Sein lebt ewig, nur unser Körper stirbt. Wenn unsere Seele den Seelenplan vollendet hat, geht sie zurück, woher sie gekommen ist, nach Hause.

Im Zirkel gelangte mal ein Teilnehmer mit der Frage an Martina, wie es wohl im Jenseits aussehe? Wir diskutierten in der Runde darüber, bis dann jemand den Schlusssatz brachte, dass wir dies wohl erst dann erfahren, wenn wir selbst dorthin gehen. Ich getraute mich nicht zu Wort zu melden, aber dachte bei mir: „Das kann doch nicht sein"? Unabhängig voneinander befragten meine Schwester und ich Natalie, was sie denn jetzt mache, da wo sie jetzt ist. Wie schon erwähnt, unabhängig voneinander erhielten wir die gleichen Bilder, die gleichen Worte und Emotionen. Es war einfach UNGLAUBLICH! Bis zu diesem Zeitpunkt, dachte ich wirklich, dass zumindest einige Teilnehmer im Zirkel auch schon solche Kontakte mit solchen Botschaften erhalten hatten. Es kann natürlich auch sehr gut sein, dass sich einige genauso wenig getraut hatten wie ich, etwas darüber zu sagen. Denn die Bilder, die meine liebe Schwester und ich zu sehen bekamen sind nicht einfach zu beschreiben. Sie sind eigentlich zu schön, um wahr zu sein. Es kam auch schon vor, dass Natalie mir anhand von Bildern etwas erklären wollte, aber ich es nicht verstehen konnte. Dann meinte sie ganz lieb: „Gotti, das übersteigt das menschliche Gehirn, also lassen wir es". Auf die Frage ob sie Gott gesehen habe, meinte sie: „Gott ist nicht nur an einem Ort, Gott ist überall, auch in dir".

Manchmal tauche ich mit Menschen über ein eher oberflächliches Gespräch plötzlich in tiefgründige Diskussionen. Oftmals bin ich danach tief berührt, erstaunt aber glücklich und nicht zuletzt sehr dankbar darüber. Berührt, wie manchmal fast fremde Personen sich mir gegenüber öffnen und ihre Seele zeigen, erstaunt darüber, dass es manchmal Menschen sind, von denen ich es nie erwartet hätte und glücklich, weil solche Gespräche immer für beide Seiten heilend und bereichernd sind und somit ein grosses Geschenk.

Kapitel 14
Um Zeichen gebeten, Zeichen erhalten

Es begann schon früh, respektive kurz nach dem Tod von Natalie, dass ich das Gefühl verspürte, beobachtet zu werden. Dies wohlverstanden, wenn ich allein war oder mich mit meinem Hund Luke auf unserem täglichen Spaziergang befand. Ich sprach oft mit Natalie, setzte mich ab und zu auch mal auf ein Bänkchen oder einen Baumstrunk und schaute auf den Bodensee, an welchem sich Natalie gerne und oft aufgehalten hatte oder ich sah den Wolken zu, wie sie vorbeizogen. Manchmal, wenn die Stimmung am Himmel sehr speziell aussah oder das Wasser vom Bodensee richtiggehend glitzerte, vernahm ich Natalies Stimme, dir mir sagte, ich solle ein Foto mit meinem Smartphone machen und es ihrer Mum schicken. Mit der Zeit konnte ich ihre Präsenz so gut wahrnehmen, sodass ich klar sagen konnte auf welcher Seite sie sich gerade befand und das Schöne daran, so fand ich, Luke wechselte dann automatisch auf die Seite, auf welcher Natalie sich nicht befand, also auf die freie Seite. So verbrachte ich sehr viele Spaziergänge im Gespräch mit Natalie. Viele denken jetzt vielleicht, ja, ja, das mache ich auch mit meinen vorausgegangenen Lieben! Das ist super, wenn sie das machen, aber sie sollten nicht nur reden, sondern auch hinhören. Denn die Verstorbenen geben auch Antworten. Es ist wie immer im Leben. Viele haben verlernt hin zu hören. Alle reden nur immer, dabei braucht es bei jedem Gespräch auch mal Pausen, Pausen, in denen das Gegenüber zu Wort kommen kann. Im Gespräch mit Verstorbenen ist es nicht anders. Nur, die Antworten können als Gefühl oder als Bilder zu einem kommen, aber natürlich kann es auch sein, dass man die Antwort hören kann.

Durch das Wissen um das Weiterleben der Seele, des Seins, Bewusstseins nach dem körperlichen Tod, bittet man automatisch um Zeichen. Der Mensch glaubt erst, wenn er es sieht.

Meine Familie und ich bekamen ganz viele Zeichen, die ich hier aber jetzt nicht alle aufzählen und erzählen kann und möchte. Von einigen Zeichen berichtete ich schon weiter vorne in meinem Buch und von einigen möchte ich jetzt gerne erzählen.

An einem Abend, als mein Mann die Kinder und ich im Wohnzimmer sassen und uns im Fernsehen einen Film anschauten, meldet sich Natalie bei uns. Alle waren vertieft in den Film der im Fernseher lief, als die Lautstärke plötzlich hochgeschraubt wurde. Als erstes erschrak ich und sah sofort in Richtung Jannik und Colleen. Die beiden sahen aber im Gegenzug mich mit grossen verdutzten Augen an. Jeder dachte vom andern, er hätte die Fernbedienung in der Hand und drehe die Lautstärke hoch. Dies war aber nicht der Fall, denn, wie wir dann feststellten, befand sich die Fernbedienung auf dem Salontisch. Also nahm ich das besagte Gerät zur Hand, stellte die Lautstärke leiser ein und legte es zurück auf den Tisch. Es verging etwas Zeit, in der wir wieder ganz entspannt dem Film zusahen, als die Lautstärke wieder aufdrehte! Nochmals sahen wir uns alle gegenseitig an, fingen an zu lachen, stellten den Ton wieder leiser und legten die Fernbedienung zurück auf den Tisch. Als das Ganze ein drittes Mal passierte, sagte ich: „Natalie, jetzt ist gut, wir freuen uns, dass du da bist und wir bedanken uns bei dir für das Zeichen, aber nun würden wir gerne den Film anschauen". Danach blieb die Lautstärke, so wie wir sie eingestellt hatten und wir konnten den Film in Ruhe zu Ende schauen.

Ein Zeichen, welches häufiger vorgekommen ist, ist, wenn ich mit Luke über Wiesen oder durch die Wälder spaziere. Speziell, wenn es mir nicht gut geht. Dann bitte ich Natalie darum, sich zu zeigen. Oft stand da auf einmal, wie aus dem Nichts ein Reh, welches mich aus nächster Nähe anschaute und für einen längeren Moment verweilte. Dies alles ohne Furcht, obwohl ich Luke dabei hatte. Oder was auch sehr oft vorkam war, dass wenn ich auf meinen Spaziergängen weinte, weil ich Natalie vermisse, die Sonne wie ein Scheinwerfer den Flecken Erde, auf dem ich gerade stand, beschien. An einem schönen Tag mit blauem Himmel ist dies noch nichts Besonderes, aber bei einem dichten wolkenverhangenen düsteren Tag, ist dies sehr wohl aussergewöhnlich.

Oft, wenn ich mich am Morgen mit meinem Hund auf den Weg mache, nehme ich mir eine Route vor, welcher ich dann folgen möchte. Dann kann es vorkommen, dass sich bei einer Weggabelung Federn auf dem Boden oder in den Gebüschen unmittelbar am Wegrand befinden. Und obwohl diese Federn nicht in Richtung meiner geplanten Route den Weg anzeigten, folgte ich ihnen. Sehr oft bin ich dann Menschen begegnet, mit denen sich ein Gespräch entwickelte mit Themen, die mich gerade beschäftigt haben. Oftmals enthielten diese tollen, interessanten Gespräche, wertvolle Informationen bezüglich meiner Themen. Es werden also nicht nur Zeichen von lieben Verstorbenen an uns Hinterbliebene geschickt, um zu zeigen, dass es ihnen gut geht, sondern auch um uns im wahrsten Sinne des Wortes, wegweisend zu sein. Das Wichtigste aber ist, die Zeichen wahrzunehmen, was in der heutigen Welt leider oft nicht der Fall ist.

Jeder Einzelne von uns wird von der geistigen Welt begleitet. Nicht nur von unseren Lieben, die uns schon voraus gegangen sind. Mittlerweile weiss ich, dass wir alle mindestens einen Geistführer an unserer Seite haben. Es gibt viele gute Bücher über Geistführer unter anderem auch von Pascal Voggenhuber, welche ich selbst gelesen habe. Diese Bücher helfen einem zu verstehen und mit Hilfe der vorgegebenen Übungen ist es möglich, den eigenen Geistführer kennen zu lernen.

In den jeweiligen Zirkeln, die ich besuche, beginnt unsere Lehrerin Martina Camenzind oftmals mit einer geführten Meditation, in der wir unserem Geistführer begegnen. Es ist immer sehr spannend, welche Botschaften wir auf diese Weise erhalten. Voller Liebe und mit wertvollen Hinweisen für Themen, die einem gerade beschäftigen, werden sie überreicht. Manchmal sind die Botschaften so kraftvoll, dass es einem die Augen mit Tränen füllt. Geistführer sind ganz liebe Freunde mit einem höheren Bewusstsein in der geistigen Welt. Sie begleiten jeden von uns und sie sind über unseren Seelenplan informiert. So habe ich es gelesen, wurde es mir erklärt, durfte ich es selbst erfahren und kann es heute selbst bestätigen. Wunderbar!

Ein anderes Mal fuhren meine Familie und ich im Auto. Es war an einem wunderschönen Wintermorgen und wir waren auf dem Weg in die Berge. Draussen auf den Feldern glitzerte der Schnee wie Diamanten, es sah aus wie im Märchen. Ich wurde sehr traurig und musste immerzu an Natalie denken. Da sagte ich in Gedanken zu ihr, sie könne ja durch meine Augen das wunderbare Schauspiel von

Schnee und Sonne betrachten. Sogleich fühlte ich ein Kribbeln. Es begann in den Fingern und breitete sich allmählich aus. Zuerst die Hände bis zu den Ellbogen, dann die Füsse und die Beine hoch. Am Ende spürte ich das Kribbeln am ganzen Körper. Ich hatte das Gefühl, als ob jemand in mir sitzt. Mir wurde wohlig warm und ich fühlte mich voll mit Liebe eingedeckt. Nach einer Weile bedankte ich mich bei Natalie für ihren Besuch und verabschiedete mich von ihr. Da hörte das Kribbeln auf und die schöne Wärme war verschwunden. Ob Natalie meine Augen benutzen konnte, weiss ich nicht, aber für mich ist klar, sie war ganz nah bei mir.

Am 21. Mai 2019 bekam ich ein Zeichen, eigentlich war es mehr ein Beweis für Natalies Existenz. Immer mal wieder plagten mich Zweifel, an dem was ich da tue. Nahm ich wirklich die geistige Welt wahr? Ist dies alles echt? Ist meine Wahrnehmung nicht einfach nur ein Wunschdenken? Verstehe ich die Sprache richtig, in der die geistige Welt zu uns spricht und übersetze ich sie richtig? Das Gerede von Menschen, die nicht wissen und die aus lauter Angst versuchen mir wiederum Angst zu machen, ist manchmal nicht einfach zu überhören. Jedenfalls war ich einmal mehr verunsichert, nicht ob der Tatsache, dass wir ewig leben, sondern ob es richtig ist, dass ich den Kontakt zur geistigen Welt pflege. Also vereinbarte ich mit Natalie eine Abmachung, indem ich sie um ein Zeichen gebeten habe. Ein Zeichen, welches mir bestätigen soll, dass ich auf dem richtigen Weg bin. Ich zeichnete auf einen kleinen Zettel ein Viereck, ins Viereck zeichnete ich einen Kreis und zuletzt zeichnete ich ein Dreieck in den Kreis. Ich legte den Zettel mit meiner Zeichnung vor mich auf den Tisch und sagte zu Natalie, das ist jetzt unser Zeichen. Ich bat sie, mir dieses Zeichen in irgendeiner Form zu bringen. Festlegen wie das Zeichen zu mir finden sollte, wollte ich nicht, sie sollte entscheiden. Den Zettel faltete ich zusammen und steckte ihn mir in die Hosentasche. Ich war voller Erwartung und machte zuerst den Fehler, in dem ich überall nach diesem Zeichen suchte. Beim Spazieren mit Luke im Wald, Zuhause, im Garten. Schlussendlich folgerte ich, meine Zeichnung ist zu kompliziert oder es bedeutet, dass ich aufhören sollte, mit der geistigen Welt zu kommunizieren. Letzteres wollte ich aber nicht glauben. Den Zettel bewahrte ich nach wie vor in meiner Gesässtasche auf, aber versuchte nicht mehr so oft daran zu denken. Dann kam der 21. Mai 2019. Es war Spätnachmittag und meine Tochter und ich sassen, nachdem sie von der Schule nach Hause kam, wie so oft am Esstisch und tranken etwas. Kurz danach kamen mein Mann und mein Sohn von der Arbeit nach Hause. Als Colleen, unsere Tochter, auf einmal sagte:" Es sei schon komisch, dass wir eine Runde Pizza in viereckigen Kartons als Dreiecke essen". Rick stand so neben dem Tisch und meinte nur:" Ja, das ist so". Ich stutzte, konnte nicht glauben, was ich da hörte! Nochmals ging ich die Worte von Colleen in meinen Gedanken durch und konnte nicht fassen, was da gerade geschehen war. Als ich Colleen fragte, weshalb sie das gerade gesagt habe und wie sie jetzt darauf gekommen sei, meinte sie nur: „Keine Ahnung, einfach so". UNGLAUBLICH!

Eine Runde Pizza in einem viereckigen Karton als Dreieck gegessen

Ich war so dankbar für dieses Zeichen. Ich klärte meine Familie darüber auf, weshalb ich so ausser mir war. Niemand ausser Natalie und ich wussten von unserer Abmachung. Sofort zog ich den Zettel aus meiner Hosentasche, legte ihn auf den Tisch und erklärte ihnen, um was es sich hierbei handelte. Sie waren sichtlich verblüfft, aber freuten sich mit mir. Dieses Foto zeigt das Original, welches ich in der Gesässtasche meiner Jeans aufbewahrt hatte.

Eine runde Pizza

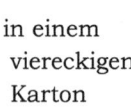 in einem viereckigen Karton

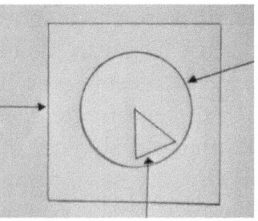

als Dreieck gegessen.

Kapitel 15
Sensitivität und Medialität in meinem Alltag

Im Wesentlichen hat sich bei mir nicht wirklich etwas verändert. Denn jeder Mensch lebt seine Sensitivität und auch seine Medialität im Alltag. So war es auch bei mir und ist es immer noch. Ist es doch so, dass wir, wenn wir einen lieben Menschen verloren haben, in Gedanken und manchmal auch laut mit dem Verstorbenen sprechen! Ist es nicht so, dass wir Antworten bekommen oder Ratschläge von ihnen? Leider sind aber die meisten Hinterbliebenen der Meinung, dass sie sich diese Antworten nur selbst ausdenken, weil sie sich so sehr wünschen, gehört zu werden. So erging es mir auch immer. Auch das sensitive Spüren machen alle Menschen schon immer. Wir können bei einem Händedruck erspüren, ob diese Person einem gut tut oder nicht. Wenn uns jemand anstarrt, merken wir das und wir sehen uns nach diesen Augen um, welche uns so beäugen. Es ist uns möglich zu erspüren, ob es einem Menschen gut oder schlecht geht und manchmal fühlen wir sogar heraus, wie er denkt und fühlt. Also sehen Sie, im Wesentlichen hat sich bei mir nichts verändert. Was sich sehr verändert hat, ist, dass mir bewusst wurde, was wir Menschen den ganzen Tag so wahrnehmen.

Durch das Üben meiner Hellsinne wie Hellhören, Hellsehen, Hellschmecken, Hellriechen, Hellfühlen, kann ich immer mehr wahrnehmen. So übe ich beim Putzen unseres Hauses oder wenn ich am Spazieren bin mit unserem Hund, aber auch beim Kochen, beim Gärtnern, beim Einkaufen usw. Natürlich im Übungszirkel unter Gleichgesinnten, welche mich in meinem Tun bestärken. Bei mir ist es so, dass ich viele Bilder bekomme, vieles höre und fühle. Diese Bilder sind mit Emotionen, also Gefühlen verbunden, die ich dann für mich aber auch für Drittpersonen übersetzen und erklären kann. Oft höre ich noch, was die jenseitige Welt dazu sagt. Es kommt auch vor, dass ich verschiedene Gerüche wahrnehme, wie zum Beispiel der Tabakrauch von der Backpfeife meines Schwiegervaters oder wenn ein Haus bzw. eine Wohnung immer frisch geputzt war, rieche ich das Putzmittel. Auf meine Frage, wie sie denn gestorben seien, spüre ich an meinem eigenen Körper Anzeichen einer möglichen Todesursache. Das können alle möglichen Symptome sein, zum Beispiel ein Engegefühl in der Brust, Atemnot, Schmerzen am Körper. Was sich auch sehr häufig klar benennen lässt ist, ob der Tod plötzlich eingetroffen ist, wie durch einen Unfall, Herzinfarkt oder eher schleichend, wie zum Beispiel durch eine Krankheit. Selbstmord zu erkennen finde ich persönlich als eher schwierig, vor allem diesen dann auch zu benennen. Oftmals wird der Suizid in der Gesellschaft als ein Tabu behandelt. Deswegen bin ich mit solchen Äusserungen sehr vorsichtig und zurückhaltend. In erster Linie geht es ja darum, den Hinterbliebenen Heilung zu bringen indem sie die Gewissheit erlangen, dass es ihren Lieben gut geht, dort wo sie jetzt sind und dass sie jederzeit mit ihnen in Kontakt treten können.

Als meine Familie und ich letzten Sommer für drei Wochen in Amerika Ferien machten, weilte unser Hund Luke in einer Hundepension. In dieser Pension fehlte es ihm bestimmt an nichts. Die Ferienhunde werden wie ihre eigenen Hunde, gut umsorgt und sie bekommen täglich die Liebe von der Hundepensionsbesitzerin. Trotzdem tat mir Luke leid. Drei Wochen sind eine lange Zeit und ich machte mir schon meine Gedanken darüber, wie es wohl Luke so geht und ob er Heimweh verspürte.

An einem Morgen, wir lagen noch immer im Bett, verband ich mich mit Luke. Ich schloss meine Augen, atmete tief ein und aus und bat in Gedanken Luke zu mir. Ich sah ihn, wie er ganz traurig auf mich zulief. Als ich in Gedanken begann mit ihm zu sprechen und ihm versprach, dass wir ihn wieder dort abholen nach unserer Rückkehr von den Ferien, wurde er ganz entspannt. Als ich ihm unsere Liebe versicherte und ihm sagte, dass wir ihn niemals vergessen würden, wedelte er voller Freude mit dem Schwanz. Dabei hatte Luke die ganze Zeit einen roten Gummiknochen in der Schnauze. Als wir uns verabschiedeten, sprang er zu den anderen Hunden und war sichtlich glücklich. Sofort erzählte ich meine „Erlebnisse" meinem Mann. Er meinte, „dann ist ja gut" und „schön, dass es ihm gut geht". Für mich gab es keine Zweifel daran, dass Luke zu mir kam. Einzig und allein am roten Gummiknochen hegte ich starke Zweifel. Spielte mir da nicht mein Wunschdenken einen Streich? Als wir noch am selben Tag nach unserem Heimflug zur Hundepension fuhren und Luke abholten, sprang er uns voller Freude entgegen. Nach der Begrüssung erzählte uns die Besitzerin der Pension von den vergangenen drei Wochen. Bis hierhin alles normal, jeder, der einen Hund hat, kennt den Ablauf, aber dann erzählte sie davon, dass Luke immer mit einem roten Gummiknochen umherspaziert sei. Ich stutzte, roter Gummiknochen? Umgehend gab ich Luke den Auftrag, den roten Knochen zu suchen. Luke senkte alsbald seinen Kopf, die Nase am Boden begann er zu suchen. Er verschwand im Haus und kam mit dem roten Gummi-knochen in der Schnauze zurück zu mir gerannt. Die Freude und die Dankbarkeit, die ich in diesem Moment verspürt habe, sind unbeschreiblich! Auf der Autofahrt zurück nach Hause erinnerte ich meinen Mann nochmals daran, als ich den Kontakt zu Luke aufnahm in den Ferien. Rick konnte sich gut erinnern. Dann machte ich ihn auf den roten Knochen aufmerksam. Auch er stutzte und fand es einfach unglaublich, einfach eine coole Sache. Solche Momente bestätigen meine Wahrnehmung. Sie helfen mir ungemein, meine Zweifel abzulegen und weiter zu machen in dem was ich da tue.

Der Auslöser dazu, mit Luke in Gedanken zu kommunizieren, ist im Januar dieses Jahres zu finden. Luke wurde im Welpenalter sehr schlimm von einem anderen Hund attackiert. Seine Verletzungen waren massiv und meine Angst um ihn war riesig. Seither bellt er oft andere Hunde an, vor allem wenn er sich an der Leine befindet. Er hält andere Hunde, vor allem die die er nicht kennt, von mir und sich selbst fern, indem er laut bellt. Als alles Üben und Trainieren erfolglos blieb, suchte ich nach einer anderen Lösung. Durchdass ich mich auf Plattformen bewege, in denen es sich um Medialität dreht, fand ich eine wunderbare Tierkommunikatorin. Ich rief sie an und erzählte ihr von Luke. Sie setzte sich mit Luke in Kontakt und schickte mir anschliessend einen Bericht über das Gespräch, welches sie mit Luke geführt hatte. Es war unglaublich, was sie alles über Luke erfahren hatte. Sie gab mir dann klare Tipps, wie ich die schwierigen Situationen mit Luke angehen könnte. Sie bestätigte mir auch, dass unser Hund alles andere als aggressiv sei und er dieses Vorbreschen als Schutz für sich selbst aber auch für mich sei. Luke wolle damit verhindern, dass uns beiden nochmals solch schreckliches widerfährt. Sogar eine Botschaft habe ich von Luke erhalten, einfach wunderlieb. Was nun sicher interessiert ist, ob sich unsere Situation verbessert hat seither. Ja, hat sie. Es ist noch nicht gut, aber wir sind auf einem guten Weg. Ein Schock, der so tief geht, löst sich nicht einfach so schnell wieder auf. Es braucht viel Vertrauen, Zeit und ganz viel Liebe. Aber ich bin mir sicher, dass wir ein gutes Team abgeben. Da mir schon lange bewusst ist, dass unser Hund ein sehr sensibles und intuitives Tier ist, mir dies sogar von der Tierkommunikatorin versichert wurde, muss ich sehr penibel auf meine Gedanken achten. Da er meine Gefühle eins zu eins übernimmt. Hier bestätigt sich auch ganz klar, dass Tiere sehr wohl eine Seele besitzen, genauso wie wir Menschen. Leider sehen viele Menschen Tiere als etwas Minderwertigeres an als uns Menschen, dabei sind viele Tiere die besseren „Menschen" als wir es je sein werden. Dies nur so nebenbei.

Wieder zurück zum eigentlichen Thema. Unter anderem bin ich auch am Üben des Sehen Lernens der Aura. Meine Übungsorte diesbezüglich sind auch unbegrenzt. Üben kann man praktisch überall.

Bei einem Wochenendseminar, welches von Martina Camenzind durchgeführt wurde, bestand eine der Übungen darin, mit geschlossenen Augen die Veränderung wahrzunehmen, wenn sich mir immer wieder Jemand anders vis-à-vis hinsetzt. Dabei zeigten sich mir die verschiedensten Farben und da ich nach dieser Übung sehen konnte, welche Personen vor mir gesessen hatten, wusste ich welche Farbe sie in ihrer Aura tragen. Natürlich so wie ich sie wahrnehmen konnte. Sehr spannend. Eine andere Begebenheit spielte sich sehr unverhofft und absolut unerwartet ab. Die Schule meiner Tochter veranstaltete einen Vortragsabend. Das Thema dieses Vortrags lautete so in etwa, der Glaube trifft Naturwissenschaft. Für diesen Vortrag meldete ich mich sehr gerne an. Es referierte ein katholischer Pfarrer, der aus der Bibel verschiedene Absätze und Psalmen vorlas und aus der Sicht der Kirche dazu Stellung nahm. Im Gegenzug referierte der Naturmuseumsdirektor und schilderte die besagten Bibelabschnitte aus Sicht der Naturwissenschaft. Ich setzte mich in die hinterste Reihe und war gespannt auf das, was ich in Kürze hören würde. Als die zwei Herren sich vorstellten und den Ablauf zu erklären begangen, bemerkte ich auf einmal einen sehr hellen Schein, der sich um die Köpfe der besagten Männer zeigte. Zuerst dachte ich, es wären meine Augen, die mir einen Streich spielten, zudem war ich mit mir selbst etwas böse, weil ich mich auf die hinterste Reihe gesetzt hatte. Das Helle um ihre Köpfe verschwand aber nicht, im Gegenteil, es begann noch breiter zu werden und flackerte wie ein Feuer, welches ich vom Lagerfeuer her kenne. Es gab also keine klaren und feste Grenzen, wo das sogenannte Licht aufhörte. Der helle Schein war immer in Bewegung. Mittlerweile lauschte ich nicht mehr wirklich den Worten der Herren, die da vorne im Raum referierten, sondern legte meinen Fokus auf dieses helle Etwas. Beim Umherschauen stellte ich fest, dass ich den hellen Schein auch bei den Menschen im Publikum wahrnehmen konnte. Verblüfft und zugleich fasziniert, bemühte ich mich mehr zu sehen. Langsam konnte ich bei einigen Personen Farben erkennen. Voller Freude darüber, vergass ich beinahe, weswegen ich eigentlich hergekommen war. Zum Glück besann ich mich aber wieder darauf und lauschte gespannt den Worten der Referenten. Für mich war klar, das was sich mir da gezeigt hatte, waren die Energiefelder auch Auren genannt. Das Üben hatte sich gelohnt! So unfassbar schön!

Als der Vortrag zu Ende war, wurde noch ein Aperitif angeboten. Da ich mich aber lieber auf den Heimweg machte, verabschiedete ich mich und verliess den Raum. Noch bevor ich die schwere Haupttüre des Gebäudes öffnete, hörte ich ängstliche Schreie, die von draussen an mein Ohr drangen. Voller Sorge, wer da so schreit, öffnete ich die Türe. Was sich da meinen Augen zeigte, berührte mein Herz. Eine Frau, gestützt von zwei Personen. Eine weitere Person eilte unsicher und unbeholfen zur Tür und wieder zurück zu der schreienden Frau. Ich spürte viel Angst, die von den beteiligten Menschen ausging. Alle sahen so hilflos aus. Ich fragte nach, was das Problem sei und ob ich vielleicht helfen könnte. Der Mann, der so umherzappelte, war ganz nervös und er meinte recht energisch, dass die Frau jetzt doch einfach still sein sollte oder sonst müsse ein Arzt kommen. Da ich es nicht übers Herz brachte, einfach weg zu gehen, begab ich mich zur angsterfüllten Frau. Auf der einen Seite wurde sie von ihrem Ehemann gestützt, welcher mir dann auch erklärte, was das Problem sei. Seine Frau leide an Parkinson und immer mal wieder überkomme sie das Gefühl zu wenig Luft zu bekommen. Dann geriete sie in Panik, da sie Angst habe zu ersticken, sogleich begann ich mit dieser Frau zu sprechen. Mit meinen Worten brachte ich sie dazu, ihren Fokus auf ihren Atem zu richten. Ich atmete mit ihr mit und verbildlichte ihr, wie sie durch das Atmen die Luft in ihre Lungen ziehen konnte. Immer wieder sagte ich zu ihr, dass genug Sauerstoff vorhanden sei, dass genug Luft für alle da sei. Als ich so mit ihr sprach, wurde sie ruhiger. Die Menschen, die vorher noch so unbeholfen umhereilten, wurden auch ruhiger. Jemand brachte einen Stuhl herbei und es gelang mir die Frau darauf zu setzen. Als ich so vor ihr kniete, ihre Hände in meinen hielt und weiter mit ihr atmete, hörten ihre Hände auf zu zittern, was ungewöhnlich sei, so wie mir später ihr Ehemann erklärte. Als die Frau wieder ganz normal atmete und absolut ruhig war, begab sie sich mit ihrem Mann zurück ins warme Gebäude. Als ich mich von Ihnen verabschiedete, sagte ich noch zu der Frau, sie solle darauf vertrauen, dass es immer genug Luft für sie haben wird und wenn sie das nächste Mal trotzdem in Atemnot gelange, solle sie ihre Augen schliessen und sich nur noch auf ihren Atem konzentrieren. Und als ich ihr dann noch sagte, dass sie stolz auf sich sein könne, denn sie habe es soeben sehr gut gemacht, leuchteten ihre lieben Augen.

Ich konnte dieser für mich fremden Frau helfen, ohne zu wissen, was sie brauchte. Mein Handeln war instinktiv und intuitiv. Was ich anders machte als diejenigen, die stressig umhereilten und teilweise auch negativ redeten? Ganz einfach, ich hörte auf mein Bauchgefühl und mein Herz. Ich achtete nicht auf das Drumherum, sondern hörte der Frau und ihrem Ehemann zu und nahm ihre Energien wahr. Dann handelte ich intuitiv. Dieser Ablauf geschieht automatisch und jeder Mensch ist fähig dazu. Wenn wir in uns hinein horchen, uns von unserem Herzen leiten lassen, zulassen, dass unser inneres Licht sich ausbreiten darf, geschehen wundervolle Dinge. Dies klingt jetzt so richtig abgehoben und überirdisch, ist es aber nicht. Das ist ja eben genau das Unglaubliche!

Kapitel 16
Immer wieder staunen...

Seit ich mich so intensiv mit „meinen" Themen beschäftige, sind so viele schöne Momente entstanden. Gespräche mit Menschen und Tieren, welche sich auf eine Ebene begeben haben, die ich so vorher nie für möglich gehalten hätte. Menschen, die vorher sehr verschlossen waren, haben sich geöffnet und zum Teil ihre Art zu reden und zu denken geändert. Einige haben aufgehört über andere Lebewesen zu urteilen, nachdem sie mir zugehört hatten. Viele begannen über sich selbst, ihre Einstellung zum Leben und zum Tod, nach zu denken. Sie setzen sich mit dem Glauben an sich auseinander und sie bemühen sich darauf zu achten, wie sie sprechen, welche Worte sie benutzen.

Zu Beginn „meines" Weges vor über zwei Jahren, erzählte ich nicht nur meinem Mann Rick von dem, was ich da las, sondern auch unseren Kindern. Da kam auch schon mal die Aussage, dass sie nicht alles wissen wollen oder müssten. Ich begann mich darauf hin zurück zu nehmen und so gut wie nie mehr davon zu berichten, womit ich mich gerade beschäftige. Dann geschah etwas Spannendes. Plötzlich begannen unsere Kinder von sich aus Dinge zu erzählen, stellten Fragen oder erklärten uns Eltern wie das Universum funktioniere. Dann huscht ab und zu ein Lächeln über mein Gesicht und ich freue mich. Ich glaube, ihnen ist dann gar nicht richtig bewusst, dass das genau diese Themen sind, die auch mich beschäftigen. Es kommt auch vor, dass sie von Dingen erzählen, wo ich nur noch staune und wenn ich sie frage, woher sie das wissen, bekomme ich zur Antwort: das weiss man einfach!

Es gibt immer mal wieder geführte Meditationen, die man via Computer beziehungsweise übers Internet machen kann. Ich wählte eine aus mit dem Thema: Loslassen von einer Situation, die mit einer bestimmten Person zu tun hat. Mir kamen einige Personen in den Sinn, mit welchen ich es nicht wirklich gut hatte, im Speziellen während meiner Berufsausbildung. Ich setzte mich also an einen ruhigen Ort und begann die „Reise" zu mir selbst. Als es an der Zeit war, mich für die Person zu öffnen, um das Geschehen aus meiner Vergangenheit zu lösen, zeigte sich aber zu meinem Erstaunen eine ehemalige liebe Freundin aus meiner Schulzeit. Zuerst verstand ich nicht, was dies sollte, aber ich blieb trotzdem in der Meditation. Gedanklich, da ich mich ja in einer Meditation befand, sassen meine damalige Freundin und ich uns gegenüber. Der Raum, in dem wir uns aufhielten, natürlich auch nur in Gedanken, strahlte Geborgenheit und Ruhe aus. So konnten wir miteinander kommunizieren. Meine damalige Freundin sah traurig aus und mir wurde klar, weswegen sie zu mir gekommen war. Als Schulkinder verbrachten wir viel Zeit zusammen und erlebten viele schöne und gute Zeiten. Auch als wir anfingen in den Ausgang zu gehen, verbrachten wir zusammen eine tolle Zeit. Dann lernte ich meinen heutigen Ehemann kennen. Mit meinen damals jungen neunzehn Jahren, übersah ich die Bedürfnisse meiner lieben Freundin. Immer öfter gab ich ihr einen Korb, wenn sie etwas mit mir unternehmen wollte. Oder ich vertröstete sie auf einen späteren Termin. Irgendwann geschah es dann, dass sie sich anderweitig orientierte. Wir verloren uns aus den Augen. Dieser Freund-

115

schaft trauerte ich später, als mir bewusst wurde, dass ich sie verloren hatte, noch längere Zeit nach. Dass sich aber diese Lebenszeit in meinem Unterbewusstsein so stark eingeprägt hatte und sich mir so viele Jahre danach in einer Meditation so eindrücklich präsentiert, beweist doch, wie prägend sie für mich war. Obwohl ich mir dachte, es werden sich in der Meditation Personen zeigen, an die ich nur schlechte Erinnerungen hege, meldete sich eine liebgewonnene Freundin, die ich durch mein eigenes Fehlverhalten verloren hatte. Das Schöne aber daran war, dass ich mich mit ihr aussprechen konnte. Die Verbindungsstränge zwischen ihr und mir, die ich während der Meditation sehen konnte, auflösen durfte. Ich entschuldigte mich bei ihr und bat sie um Verzeihung. Sie wiederum bat mich um Verzeihung, für ihr damaliges nicht verstehen, begreifen, beziehungsweise dass sie meine Situation nicht nachvollziehen konnte. Am Ende verabschiedeten wir uns in tiefem Respekt voneinander. Für diese berührende Erfahrung bin ich sehr dankbar.

Was mich auch zum Staunen brachte war, als ich im April des Jahres 2019, einen Text für meine Mum schreiben wollte. Sie hatte Geburtstag und ich wollte ihr ein kleines Gedicht schreiben. Ich nahm einen Zettel zur Hand und schrieb einfach drauf los. Die Wörter, die mir gerade in den Kopf kamen, brachte ich zu Papier. Dabei entstand ein Text, den ich so nicht habe schreiben wollen. Als ich ihn meiner Schwester vorlas, begann sie zu weinen und meinte, ich hätte den Text für sie geschrieben, denn genau so fühle sie sich.

Der Text:

Vieles ist passiert,
Welt hat sich gedreht.
Nichts haben wir kapiert,
unser Leben umgedreht.
Alles brach entzwei, verloren jeden Halt,
Hoffnung war vorbei, unser Leben wurde kalt.
Schmerz, Hoffnung, Liebe
alles blockiert wie Sand im Getriebe.
Nun leben wir weiter,
weit ab von sonnig und heiter.
Unser Leben hat sich gedreht,
unsere Wünsche verdreht.
Zuvor waren wir lieber hier als dort,
heute wären wir oft lieber dort als an unserem
Ort.
Nichts ist mehr, wie es war,
dass wird einem immer wieder klar.
Trotzdem dürfen wir dankbar sein,
Natalie ist und bleibt unser Sonnenschein.

Ich weiss es nicht, aber ich denke, dass die geistige Welt mich hier geführt hatte.

Irgendwann, inmitten der tiefen Trauer, begann meine Schwester wundervolle Bilder zu malen. In ihren Träumen wurde sie immer wieder inspiriert zu malen. Sie malte Engel, Herzen in verschiedenen Variationen, Landschaften und Meerestiere. Die Bilder sind unglaublich! Am Anfang waren es richtige

Seelenbilder, die ich ihr dann intuitiv lesen durfte. Anhand dieser Bilder konnte ich in ihr Inneres schauen und sie da abholen, wo sie gerade stand. Es zeigte sich auch die unmittelbare Zukunft, also wohin sie ihr Weg gerade führte, auf dem sie sich befand. Die Bilder wurden immer farbenprächtiger und brachten immer mehr von Danielas Potenzial zum Vorschein. Mittlerweile haben sich etliche Bilder angesammelt. Auf die Frage hin, ob sie die Bilder nicht einmal ausstellen möchte, antwortet sie mir, irgendwann vielleicht, denn sie sei noch nicht bereit die Bilder los zu lassen. In einer von mir gehaltenen Jenseitssitzung, besuchte sie unser Grossvater väterlicherseits. Er war zu Lebzeiten auch ein sehr guter Maler. Wir sind im Besitz einiger Bilder von ihm. Jedenfalls gab er meiner Schwester den Tipp, sie solle zu jedem einzelnen Bild, welches sie gemalt hatte, einen kurzen Beschrieb dazuschreiben. Einfach auf ein kleines Kärtchen oder so, welches sie dann, wenn sie die Bilder ausstellen möchte, neben den Bildern anbringen könnte. So wissen die Menschen, die die Bilder anschauen, was die Künstlerin beim Malen gefühlt, gedacht, erlebt hat. Auf diese Weise finden die Bilder zum richtigen Besitzer. Noch ein weiterer wertvoller Tipp war, dass sie bei denjenigen Bildern, die sie noch nicht bereit sei zu verkaufen, einfach darunterschreiben soll, "verkauft". Auf diese Weise werde sie nicht konfrontiert mit Anfragen zum Kauf des Bildes und somit müsste sie sich auch nicht rechtfertigen, weshalb sie dieses besagte Bild nicht verkaufen möchte. Trotzdem aber werden diese Bilder gesehen.

Kapitel 17
Ich mache weiter

Vielen Menschen sind meine heutige Denkweise und mein „Arbeiten" mit der geistigen Welt sehr suspekt und bei ihnen herrscht nach wie vor der Glaube (Aberglaube), dass ich etwas Verbotenes tue.

Da die Seele auch nach dem Tod weiterexistiert, bedeutet dies, dass sie auch vor unserem Erdenleben existiert haben muss. Dass wiederum bedeutet, dass wir uns mehrmals inkarnieren können und sicherlich auch schon haben. Inkarnieren heisst auf lat. incarnatio und bedeutet „Fleischwerdung". Es ist absurd, dass diese Tatsache von der Kirche verleugnet wird.

Wir alle sind Energien. Energie kann sich nicht auf einmal auflösen. Um dies zu begreifen muss man nicht ein Einstein sein. Wenn ich also in der Energie eines Lebewesens „lese", nennt man dies sensitiv wahrnehmen. Lese ich die Energie eines Verstorbenen, so nennt man dies medial wahrnehmen. So einfach, nur die Verstorbenen oder andere Geistwesen können wir nachher nicht fragen, ob wir sie richtig verstanden haben. Das Energielesen geschieht aber auf die gleiche Art und Weise.

Ich habe einiges recherchiert und mit Menschen darüber gesprochen, welche strickt nach der Bibel leben, so behaupten sie jedenfalls. Da war aber niemand, der mir klar erklären konnte, wieso ich nicht mit der geistigen Welt kommunizieren sollte, ausser dass dies so in der Bibel stehe. Wenn wir beten, sprechen wir ja auch mit der geistigen Welt, was ja absolut als normal angesehen wird oder auch wenn wir unseren Schutzengel um Unterstützung bitten, sprechen wir mit der geistigen Welt. Kommuniziert man aber mit Verstorbenen oder seinem Geistführer, sehen einem plötzlich alle mit grossen Augen an.

Ich bin für meinen Teil zum Schluss gekommen, dass das Sprechen mit der jenseitigen Welt nichts Verbotenes ist. Im Gegenteil, ich bin davon überzeugt, dass die geistige Welt und die Quelle (Gott) mich dazu angeleitet haben, damit ich Heilung erfahren durfte und diese auch weitergeben konnte.

Wir sind alles geistige Wesen, wir kommen alle von der gleichen Quelle und wir alle gehen dorthin zurück.

Religionen spielen hierbei keine Rolle. Oder soll es wirklich so sein, dass wenn ein Kind in eine Familie hineingeboren wird, in welcher nicht der Christliche Glaube gelebt wird, dieses Kind von Geburt an, die Chance auf „ewiges Leben" verweigert wird? Im Gegenzug aber, jemand der bereit war, für seinen christlichen Glauben zu töten, dann in den sogenannten Himmel kommt? Wie krank wäre denn sowas.

Im Vergleich zu vielen Medien, die schon seit mehreren Jahren mit der geistigen Welt professionell arbeiten, besitze ich fast keinen bis gar keine Erfahrung. Was ich aber schon immer in mir spürte war, dass es sicherlich nicht entscheidend sein kann, in welchem Land, auf welchem Kontinent, in welcher Familie wir unsere Augen zuerst aufmachen. Wir sind alle gleich. Keiner ist besser oder schlechter als der andere.

Genauso sollten wir auch im Leben auf der Erde nicht werten, denn das steht uns nicht zu. Wir sagen so viele Dinge, die absolut keinen Sinn ergeben. Wie zum Beispiel: wenn wir mit Kindern sprechen, fragen wir sie ja oft und gerne, was sie mal werden möchten, wenn sie gross sind. Unsere Kinder müssen nicht zuerst werden, denn sie sind schon. Vielmehr könnte man fragen, welche Arbeit sie später gerne ausüben würden. Auch können wir uns selbst immer wiederholt sagen hören, wenn wir mit unseren Kindern sprechen, dass das Aussehen nicht so wichtig sei, denn das Innere vom Menschen zähle. Spätestens, wenn sie jedoch ins Berufsleben eintreten, müssen sie feststellen, dass sie die ganze Zeit belogen wurden. Denn wie sollen sie durch ihr Inneres überzeugen, wenn doch das Foto, welches sie auf dem Deckblatt ihrer Bewerbung anbringen müssen, darüber entscheiden wird, ob sie zu einem Gespräch eingeladen werden oder eben nicht. Wie oft machen wir äussere Umstände für unsere Situation verantwortlich, sei es im Positiven wie auch im Negativen. Dabei ziehen wir nur das an, was wir aussenden. Das Gesetz der Resonanz.

Wir wissen heute, dass der Mensch zu viel mehr fähig ist, als den meisten bekannt ist. In Gedanken sind wir in der Lage, Orte zu besuchen, die sich am anderen Ende der Welt befinden, Orte, an denen wir noch nie zuvor gewesen sind. Wir schicken also unseren Geist aus unserem Körper, fast so wie in einem Traum und dabei ist es uns möglich fremde Orte zu besuchen und klar zu sehen. Dies ist bewiesen und es wird in der Armee schon lange angewendet. Wenn es also möglich ist, sozusagen das andere Ende der Erde von unserem Sofa aus zu besuchen, weshalb sollten wir dann nicht mit unserem Geist in die jenseitige Welt blicken, um mit unseren vorausgegangenen Lieben zu sprechen? Wir sind dazu geschaffen, nur leider wurde uns das Wissen darum vor vielen Jahren genommen.

Durch den Verlust von Natalie wurden mir die Augen geöffnet. Ich habe nicht aufgehört zu lesen, zu forschen und immer mehr wissen zu wollen. So ergeht es sehr vielen Menschen weltweit. Wir erkennen, wer wir wirklich sind und zu was wir fähig sind.

Es gibt immer noch Ärzte, die es verleugnen, dass Heilung durch Handauflegung stattfinden kann oder dass Selbstheilung funktioniert. Es gibt tatsächlich Neurowissenschaftler, die behaupten, dass der Mensch kein Gedächtnis besitzt und schon gar kein Bewusstsein und auch kein inneres Ich hätten, demnach müssten wir also einfach ein Klumpen Fleisch sein, der irgendwann wieder von dieser Erde geht. Nur weil es bis zum heutigen Tage nicht beweisbar ist, dass es ein Bewusstsein gibt, welches weder vom Körper noch vom Gehirn abhängig ist.

Auf der Intensivstation versicherten die Ärzte uns immer wieder, dass die Tränen, die aus Natalies Augen kullerten, keine echten Tränen seien, denn dies sei nicht möglich. Das was wir sähen, seien Augentropfen. Heute wissen wir sehr wohl, Natalie weinte. Nicht ihretwegen, sondern unsertwegen. Es machte sie traurig, uns so zu sehen. Was wir aber auch wissen ist, dass sie glücklich und zufrieden ist, dort wo sie jetzt ist.

In einem Kontakt, den ich mit ihr haben durfte, sagte sie Folgendes: Das grösste Geschenk, welches ihre Mum und ihr Dad machen konnten, sei sie gehen zu lassen und dafür sei sie unendlich dankbar. Diese Botschaft erschütterte einerseits, andererseits gab sie Kraft und Sicherheit für ihre leidgeprüften Eltern. Sie hatten zum Wohle ihrer geliebten Tochter entschieden. Dies zu wissen, war heilend und wir hätten es nie erfahren, hätte ich mich nicht darauf eingelassen.

Kapitel 18
Vertrauen in die geistige Welt

Seit ich meinen Weg mit der geistigen Welt bewusst beschreite, durfte ich schon viele „magische" Momente erleben. Es spielt keine Rolle, ob wir daran glauben oder nicht. Jeder von uns wird begleitet und geliebt. Wenn wir es zulassen und darum bitten, unterstützt und hilft uns die geistige Welt. Falls wir Fragen haben, geben sie uns Antworten. Zu jeder Zeit haben wir Zugang zur jenseitigen Welt, wir sind nie getrennt, auch nicht durch den Tod. Das Jenseits ist bei uns und wir sind im Jenseits, da gibt es keine Grenzen. Nur, die meisten Menschen können dies nicht sehen und erkennen. Die Grenzen setzen wir uns selbst, diese finden in unserem Gehirn in unserem Denken statt. Genauso setzen wir uns unsere eigenen Grenzen in unserem Leben.

Hier einige Beispiele, die wir alle zu gut kennen: Das kann ich nicht, also versuche ich es erst gar nicht! Dazu fehlt mir das genügende Selbstvertrauen, also wage ich es nicht! Was denken wohl die anderen, also lasse ich es lieber sein und passe mich an! Die Anderen erwarten etwas Anderes von mir, also probiere ich nichts Neues aus! Ich bin nicht gut genug, also verliere ich das Vertrauen in mich selbst!

Solche Glaubenssätze könnte man noch viele mehr aufzählen. Das sind unsere eigenen, hausgemachten Grenzen. Genauso denken wir doch über das Jenseits. Wenn jemand, den wir lieben, stirbt, denken wir, dass wir verlassen werden. Wir setzen also eine Grenze, die es aber in Wirklichkeit gar nicht gibt. Nach wie vor sind wir verbunden und der Zugang zu unseren Lieben bleibt bestehen.

Wie schnell sich ein Verstorbener melden kann, wurde mir in einem Zirkel vor Augen geführt. Unsere vorgegebene Übung bestand darin, für unser Gegenüber einen Jenseitskontakt zu machen. Also habe ich eine verstorbene Person von meinem Gegenüber zu mir gebeten. Es meldete sich ein Mann, den ich sehr genau beschreiben konnte und ich konnte klar erkennen, welches seine Todesursache war. Mein Gegenüber war sehr erstaunt und verkündete mir, dass derjenige erst die Woche zuvor verstorben war.

Beim „Arbeiten" mit der geistigen Welt erfuhr ich immer nur Gutes. Nie bekam ich etwas Negatives. Die Botschaften, die ich für mich selbst oder für andere erhalten habe, waren immer sehr liebevoll und hilfreich.

Jedes Mal, in denen ich die geistige Welt um Hilfe oder Unterstützung gebeten habe, waren sie da. Obwohl es sich für mich zu Beginn auch schon ab und an nicht so anfühlte. Dann fragte ich auch schon mal nach, wo sie denn jetzt seien. Aber im Endeffekt war es perfekt. Sogar noch besser, als ich es mir ausdachte oder ich konnte eine Erfahrung machen, die ich so nicht hätte machen können.

Hier ein Beispiel:

In den Sommerferien Juli/ August 2019 erfüllten wir uns einen Traum. Unser Wunsch war es, nochmals mit unseren beiden Kindern eine grössere Auszeit zu nehmen. Am liebsten wäre ich ja für eine längere Zeit auf Reisen gegangen, was uns aber nicht möglich war, da unsere Tochter noch die Schule besucht. Abgesehen davon wäre es finanziell nicht umsetzbar gewesen. Da unser Sohn zwar seine Berufslehre abgeschlossen und nun den Eidgenössischen Fähigkeitsausweis in seiner Tasche hatte, war die Lehrvertragsdauer noch nicht beendet. Somit konnten wir nur drei Wochen verreisen. Am liebsten hätte ich eine Hütte an einem Strand, von welcher man zu Fuss den Ozean erreicht, beziehen wollen. Das allerdings wären für unsere Kinder nicht wirklich die tollsten Ferien gewesen. Dementsprechend machte ich mich an das Visionieren von unseren kommenden Sommerferien. Ich zählte für mich auf, welche Kriterien unsere gemeinsamen Ferien beinhalten müssen. Es sollte für jeden etwas dabei haben. Schlussendlich buchten wir einen Flug nach New York. Dort erkundigten wir die Weltmetropole. Von da aus flogen wir nach Miami und besuchten Key West, die Everglades und für die letzten zehn Tage badeten wir an ganz vielen verschiedenen Sandstränden und wurden von Manatees (Seekühen) und Delfinen besucht. Es war eine ganz tolle Zeit und alles hat gepasst. Aber, jetzt kommt es. Bevor man ja nach Amerika reist, muss man bei der Esta Formulare ausfüllen. Haben wir natürlich auch gemacht, sogar schon drei Monate im Voraus. Zirka eine Woche vor Abflug las ich im Internet auf irgendeiner Webseite davon, dass es auf ein paar „auserwählten" Flugtickets das Zeichen „SSSS" gestempelt hat, was bedeutet, dass man vor dem Betreten des Flugzeuges extra genau kontrolliert wird. Am Abend vor unserer Abreise wollte mein Mann uns alle online einchecken, was aber aus irgendeinem Grund nicht klappte. Ich verband mich noch am selben Abend mit der geistigen Welt und bat sie darum, sich doch zu kümmern, so dass am nächsten Tag alles glatt verlaufen möge. Der Abreisetag war gekommen und die Freude auf gemeinsame Ferien war gross. Als wir am Schalter ankamen und uns einchecken wollten,

125

meinte die Frau am Schalter, dass es da ein Problem gäbe. Sie konnte unsere Kinder und mich einchecken, aber meinen Mann nicht, da sie kein Okay von der Esta erhalte. Wir erschraken und meinten, das sei doch gar nicht möglich, denn wir hätten ja die Papiere. Die Frau am Schalter erklärte uns dann, dass sie dies schon öfter erlebt habe und wir keine andere Wahl hätten, als ins Büro der Esta zu gehen und eine neue Anfrage zu tätigen. Mich stellte sie dann vor die Wahl, dass ich mich jetzt mit unseren Kindern einchecke und im schlimmsten Fall allein mit ihnen nach New York fliege. Mein Mann könne dann, sobald er die Bestätigung von der Esta erhalte, nachfliegen. Da wir bei Nichtantreten der Reise alles verlieren würden, also bei einer späteren Nachbuchung nochmals alles bezahlen müssten, willigte ich ein. Mein Mann raste also mit seinem Gepäck in Richtung des Schalters der Esta und wir checkten ein. Dann überreichte mir die Frau am Schalter unsere Boardingkarten und auf meiner standen die vier SSSS! Ich konnte es nicht fassen! Das gibt es doch nicht. Zuerst dachte ich, mein geistiges Team hat mich verlassen oder wollten sie mich von der Reise abhalten? Nun ja, wir machten uns auf die Suche nach dem Schalter der Esta. Die neue Anfrage war gesendet und uns blieb nichts anderes übrig als abzuwarten. In Gedanken sprach ich immer wieder mit der geistigen Welt. Ich liess sie meine Verzweiflung spüren. Da ich aber die vier SSSS auf dem Ticket hatte, musste ich mich schon eine halbe Stunde früher als alle andern am Gate melden. Also mussten wir drei uns von Rick verabschieden und wussten nicht, ob er es noch in den Flieger schaffen würde oder ob wir drei allein nach Amerika fliegen müssten. Ich hatte Tränen in den Augen, aber ich machte mich mit unseren Kindern auf den Weg. Als wir uns so am Durchschlängeln durch die ganze Security waren, versuchte ich meinen Mann anzurufen, um nachzufragen wie es aussieht. Da sagte mir Rick, dass er schon kurz vor dem Gate sei und er wollte wissen, wo wir seien. Vor Freude konnte ich mich kaum mehr einrenken. Jetzt stand nur noch der spezielle Check bevor, der zum Glück auf meinem Ticket stand und nicht auf einem Ticket der Kinder. Es stellte sich heraus, dass es ganz viele Personen gab mit diesem Zeichen auf dem Ticket und es war absolut kein Problem. Als wir dann alle im Flugzeug sassen, fragte ich nochmals mein geistiges Team, was denn das gerade eben sollte. Als Antwort bekam ich, dass ich auf diese Weise mir selbst bewiesen habe, dass ich mir zugetraut hätte, allein mit unseren Kindern nach New York zu fliegen. Dies hätte ich mich vor einigen Monaten niemals getraut. Für mich war dieser Tag eine „Lektion". Das mit den vier SSSS habe ich mir buchstäblich ins Leben gezogen, da ich immerzu daran gedacht habe. Ich solle doch einfach froh sein, dass es auf meinem Ticket stand und nicht auf denjenigen der Kinder. Als der Flieger startete, war ich einfach nur glücklich und dankbar. Alles kam gut und unsere Auszeit konnte beginnen. Während der ganzen dreiwöchigen Ferien hatte alles perfekt geklappt und wir hatten eine mega tolle Zeit, abgesehen von immer wiederkehrenden Momenten, in denen uns die Sehnsucht nach Natalie heimsuchte. Uns ist aber bewusst, diese Momente gehören jetzt fest zu unserem Leben.

Dieses Beispiel veranschaulicht, dass die Wege der geistigen Welt, sich nicht immer nach unseren Vorstellungen und Wünschen richten, beziehungsweise im Endeffekt schon, aber den Weg zum Ziel hätten wir uns oft anders gewünscht.

Ach ja, die Frau am Schalter erzählte uns noch, dass sie einmal eine Familie mit dem gleichen Problem hatte und die Mutter war damals betroffen. Nur die besagte Mutter konnte erst eine Woche später ihrer Familie hinterherfliegen!

Kapitel 19
Zufälle gibt es nicht

In unserem Leben geschieht nie etwas per Zufall. Alles, und ich meine wirklich alles hat seine Richtigkeit, auch wenn wir dies nicht so erkennen oder annehmen können.

Es gibt da zwei Sätze, die wir sehr häufig hören oder sogar selbst aussprechen. Der erste Satz lautet: Er / sie war zur rechten Zeit am rechten Ort. Der Zweite Satz lautet: Er / sie war zur falschen Zeit am falschen Ort. Richtig ist vielmehr, dass wir immer zur rechten Zeit am richtigen Ort sind! Leider empfinden wir es nicht so. Wenn uns etwas Gutes widerfährt, schenken wir dem Himmel ein Lächeln und ein Dankeschön. Widerfährt uns allerdings etwas Schlimmes, schreien wir gen Himmel voller Wut, Zorn und Unverständnis. Dabei herrscht im Guten wie auch im Bösen das Gesetz der Resonanz. Dazu kommt, dass wir alle nach unserem eigenen Lebensplan leben. Wann immer dieser Lebensplan vollendet ist, kehren wir zurück in die geistige Welt. Also dorthin, von wo wir herkommen. Man könnte auch sagen, wir kehren nach Hause zurück. Das klingt jetzt sehr weit hergeholt, aber nach meinem Wahrnehmen ist das die Realität. Wenn ein junger Mensch stirbt, ist es aus unserer Sicht einfach nur grauenhaft. Wir verstehen nichts mehr, kommen nicht klar, weil es nach unserer Vorstellung viel zu früh ist. Zuerst sollten die Grosseltern, dann die Eltern sterben, aber sicher nicht das eigene Kind! Da es aber häufiger, als es uns lieb ist, geschieht, obwohl es nicht in der für uns richtigen Reihenfolge verläuft, zeigt uns, dass es zu unserem Leben dazugehört. Nicht das Alter spielt eine Rolle, vielmehr was in unserem Lebensplan geschrieben steht und wie weit unsere Seele sich schon entwickelt hat. Wir alle sind auf der Suche und haben ein inneres Wissen. Wie oft hört man von Angehörigen, dass derjenige, der verstorben ist, noch alles in Ordnung gebracht hat. Oder von Kindern, die schwerkrank oder schwerverletzt noch ihre Eltern getröstet haben, bevor sie gestorben sind. Wir alle besitzen ein inneres Wissen, welches aber leider nicht in unserem Verstand ankommt. Also, es gibt keine Zufälle! Genauso ist es auch, wenn bei einem das Telefon klingelt. Oft wissen wir ja schon vorher, wer anruft. Der Gedanke, die Energie des Anrufers war schon bei uns, das Telefon braucht es nur noch, um zu sprechen. Wie lange wir das Telefon noch benötigen? Keine Ahnung! Spätestens jetzt denkt sicher auch der letzte Leser, dass ich spinne oder dass ich nicht mehr klar denken kann. Dem ist nicht so, ich bin absolut klar im Kopf.

Ich mache mir sehr viele Gedanken über alles Mögliche. Wer wir sind, woher wir kommen und wohin wir gehen. Durch den irdischen Tod von Natalie, hat sich mein ganzes Weltbild verändert.

Wenn ich in meine Kindheit zurückblicke, tauchen schon einige Momente auf, in denen wir eigentlich klare Zeichen von der geistigen Welt bekamen. Wir sprachen wohl darüber, weil wir glauben wollten, dass es Zeichen von unseren Lieben seien. Glauben, ja halt so, wie man eben glaubt, denn es gab Hoffnung! Es gibt ja auch ein Sprichwort, das da lautet: Wer glaubt, der weiss es nicht, deswegen glaubt man ja. Klar, ich weiss es nicht, aber ich bekam so viele Zeichen und ich bin mir heute so sicher, dass es für mich, hier kann ich nur für mich sprechen, keine Zweifel mehr gibt. Die geistige Welt befindet sich gleich nebenan, wir sind nie getrennt und wir werden uns wiedersehen. Das ist für mich die reine Wahrheit.

In meiner Kindheit gab es, wie schon oben erwähnt, einige Zeichen. Bei uns Zuhause gab es eine Uhr, die meine Eltern von einem Onkel meiner Mutter geschenkt bekommen hatten. Als der Onkel starb, stand die Uhr still. Mein Vater konnte nicht feststellen, warum die Uhr nicht mehr lief, weshalb er sie dann zu einem Uhrmacher brachte. Der Uhrmacher konnte aber auch keine Ursache für das Nichtfunktionieren der Uhr finden. Die Uhr sei absolut intakt! Trotzdem änderte sich nichts mehr, die Uhr stand still.

Ein weiteres Zeichen bekam meine Mutter, als einer meiner Onkel nach einem sehr schweren Motorradunfall im Koma lag. Die Situation damals war sehr kritisch. Mein Onkel lag auf der Intensivstation des Kantonsspitals St. Gallen. Für eine weitere Beurteilung seines Zustandes, wurde er aber nach Zürich verlegt. In Zürich kamen die Ärzte zum Schluss, dass es keine Hilfe mehr gebe und sie deshalb die Apparate abstellen würden. Mein Onkel wurde wieder nach St. Gallen verlegt. Dort wurde entschieden, dass die Apparate am folgenden Tag am Mittag abgestellt werden sollten. Meine Mutter hatte dann in der Nacht auf diesen allesentscheidenden Tag einen Traum. So nannte meine Mutter es jedenfalls. Sie träumte von ihrer Grossmutter, also meiner Urgrossmutter. In diesem Traum erklärte meine Urgrossmutter meiner Mutter, dass sie sich keine Sorgen machen sollte, denn ihr Schwager (mein Onkel) werde noch zur rechten Zeit seine Augen aufmachen, denn es sei noch nicht seine Zeit. Meine Mutter erzählte meinem Vater von ihrem Traum. Und es war tatsächlich so, dass mein Onkel kurz vor Mittag seine Augen öffnete und sich zurückmeldete. Er wurde wieder gesund und lebt heute noch.

Es gibt noch mehr Zeichen. Als mein Grossvater mütterlicher Seite verstarb, fiel ein Porzellanteller von der Wand hinunter. Das Komische daran war, dass der Nagel, an dem er gehangen hatte, immer noch in der Wand steckte. Der Teller hingegen aber war leider zerbrochen.

Was man sicher nicht als Zeichen betrachten könnte, aber zurückblickend sehr speziell war, wie mir meine Grossmutter (Nana) beim zu Bett gehen von Feen und Zwergen Geschichten erzählte. Dazu muss ich vielleicht sagen, dass meine Mutter aus England stammt und somit ihre ganze Familie in England wohnt. Deswegen besuchten uns meine Grosseltern immer mal wieder und verbrachten bis zu drei Wochen bei uns Zuhause. Als ich noch klein war und schlafen ging, setzte sich meine Nana (Grossmutter) auf die Bettkannte und begann mir von „Blue fairy" mit ihren Blütenhütchen und ihren Leben im Fairyland zu erzählen. Sie brauchte dazu keine Bücher, in denen die Geschichten standen, nein, sie erzählte frei aus dem Herzen. Sie brachte mir die Feenwelt direkt ins Kinderzimmer. Durch ihre Worte wurden die Feen lebendig. Meine Nana erzählte die Geschichten so, als hätte sie sie selbst erlebt. Einfach zauberhaft. Eigentlich kein Zeichen, oder eben doch? Auf jeden Fall werde ich sehr oft von meiner Nana im Übungszirkel besucht und ihre Botschaften werden mir immer mit sehr viel Liebe und ganz grosser Freude übermittelt. Es kam sogar schon vor, dass „mein" Medium angefangen hat englisch zu sprechen und sich nicht erklären konnte,

weshalb dies geschah, bis ich erklärte, dass sie Engländerin war.

Kapitel 20
Loslassen in jeglicher Hinsicht

Als Natalie in Australien weilte und sie mir immer wieder mal Fotos und WhatsApp Nachrichten zuschickte, plagte mich das Fernweh. An manchen Tagen war es so stark, dass es mir fast die Tränen in die Augen trieb. Da schrieb ich mir auf einen kleinen Notizzettel einen Satz, welcher mir da gerade durch den Kopf ging. Der Satz lautete wie folgt: Um frei zu sein, brauchst du keine Flügel, du muss nur loslassen können! Diesen Zettel mit dem Satz drauf, befestigte ich am Türrahmen zu unserer Küche. Jedes Mal, beim Vorbeischreiten, las ich ihn durch. Langsam merkte ich, wie sich die Situation für mich veränderte. Ich begann mein Fernweh anders zu betrachten, bis mich dieses Gefühl nicht mehr weiter blockierte. Dieser Notizzettel hängt nach wie vor am Türrahmen unserer Küche.

Loslassen, ja loslassen ist ein grosses Wort. Oftmals haben wir mühe etwas los zu lassen. Dinge, die einem nicht guttun, verfolgen einen buchstäblich und holen uns daher auch immer wieder ein. Somit wollen wir gerne loslassen, können es aber nicht. Dann gibt es das Gegenteil. Manche Dinge wie verstorbene Wesen sei es Mensch oder Tier, wollen wir auf keinen Fall loslassen und müssen es auch nicht. Den Schmerz, der mit dem Verlust zusammenhängt, dürfen wir loslassen. Dabei hilft zumindest ein wenig das Wissen darum, dass wir unsterblich sind und somit immer verbunden bleiben. Ein kleiner Trost, der manchmal auch nicht wirklich helfen kann und der für unseren Verstand oftmals nicht zu begreifen ist.

Wir Menschen halten uns an so vielem fest, weil wir davon überzeugt sind, dass das Festhalten uns weiter bringt, uns Sicherheit bietet oder wir es einfach nicht loslassen möchten. Ich denke da nicht nur an das Materielle, vielmehr denke ich an Gewohnheiten, Wünsche und Vorstellungen in welchen Bahnen das eigene Leben verlaufen sollte. Spätestens dann, wenn einem etwas Schreckliches passiert im Leben, wird man gezwungen ganz viel los zu lassen. Überall spricht man heutzutage aber davon, man sollte die Vergangenheit loslassen, um im hier und jetzt zu leben. Dem stimme ich zu, aber wenn man eine solche Aussage jemandem gegenüber äussert, der gerade sein Kind verloren hat, erreicht man gar nichts. Denn für die Betroffenen ist Vergangenheit gleichzusetzen mit ihrem Kind. Sie hatten nämlich in der Vergangenheit ein Leben mit ihrem geliebten Kind, welches aber in der Gegenwart nicht mehr der Fall ist und auch in der Zukunft nicht mehr sein wird. Also müsste der Satz eigentlich wie folgt formuliert werden: Haltet alle schönen Momente eures Lebens fest, wie Fotos (Bilder), in eurem Bewusstsein, so dass ihr diese schönen Momente jederzeit abrufen könnt, genau dann, wenn ihr sie braucht. Klar ist es der Fall, wenn wir in der Vergangenheit leben, können wir nicht im hier und jetzt sein, das leuchtet, so glaube ich, jedem ein. Genauso ist es auch mit denjenigen Menschen, die ständig in der Zukunft leben. Oft hören wir wie Menschen davon sprechen. Wenn ich pensioniert, bin dann reise ich...oder, wenn die Kinder ausgezogen sind dann...oder, wenn ich mehr Zeit habe mache ich...! Ja, genau solche Sätze hindern einem den jetzigen Moment zu leben beziehungsweise zu erleben.

Das überall gehörte Loslassen sollte also nicht verallgemeinert werden, so finde ich es zumindest.

Trotzdem lehrt uns das Leben immer wieder, dass wir gewollt aber leider auch oftmals ungewollt loslassen müssen.

Für meine Schwester und meinen Schwager bedeutete dies, ihr Liebstes los zu lassen. Damit verbunden sind ihre Wünsche und Vorstellungen ans Leben. Werte, die vorher wichtig waren, lösten sich im Nichts auf.

Für mich und alle anderen aus unserer Familie hiess es genauso loslassen. Wir alle haben uns verändert seit dem 5. November 2017. Es gibt ein Vorher und ein Nachher. Unser aller Leben hat sich geändert. Von aussen betrachtet wirkt wahrscheinlich alles gleich wie vorher, es fehlt einfach jemand. Für uns ist nichts mehr gleich, denn es fehlt jemand!

Am 1. September 2019 flog unser 19-jähriger Sohn für drei Monate in die USA. Den Abschied empfand ich als sehr schwer. Einmal mehr hiess es, loslassen und vertrauen. Das Leben hat uns durch das Schicksal mit Natalie gelehrt, dass wir nicht alles beschützen können. Was uns bleibt, ist zu vertrauen. Vertrauen, dass es richtig ist, egal wie es kommt, auch wenn wir nicht alles verstehen. Am 28. November 2019 kam unser Sohn wieder nach Hause zurück. Die Freude war riesig, obwohl wir zugleich auch tiefe Trauer empfanden. Natalies Heimflug wäre der 30. November 2017 gewesen. Anstatt, dass sie zu uns nach Hause kam, ging sie in die geistige Welt. Sie hätte um 12.30 Uhr in Zürich landen sollen, hat dann aber um 12.00 Uhr in St. Gallen für immer ihre lieben Augen geschlossen.

Unser Sohn flog also an den beinahe identischen Daten wie Natalie. Zuerst dachte ich mir, dies sei nicht gut, aber dann kam ich zum Entschluss, dass es gut für uns alle sein würde, diese traumatisierenden Daten mit etwas Schönem zu verbinden. Auch wenn dies uns nicht auf Anhieb gelingen würde, so könnten wir doch an diesen Daten an etwas Schönes denken. Unser Sohn kam heim. Dazu muss ich noch erklären, dass wir innerhalb unserer Familie immer von unseren Kindern gesprochen haben. Gemeint sind Natalie, Jannik und Colleen. Dies ist auch jetzt noch der Fall. Also freuten sich natürlich auch meine Schwester und mein Schwager über Janniks Heimkommen, obwohl die Trauer um Natalie riesig ist.

Diese Berg- und Talfahrt der Gefühle begleitet uns nun seit über zwei Jahren. Es ist selbsterklärend, wie anstrengend dieser Zustand ist. Speziell für die Eltern von Natalie. Von ihnen wird jeder einzelne Tag eine Höchstleistung abverlangt. Höchstleistung im Sinne von Energieverbrauch, indem sie durchhalten, kämpfen und eben, loslassen in allen Belangen.

Kapitel 21
Was die geistige Welt uns mitteilen möchte.

In den doch schon einigen Kontakten mit der geistigen Welt, die ich mittlerweile erfahren durfte, kommt die Botschaft der Lebensfreude ganz stark hervor.

Wenn ich mich mit der geistigen Welt verbinde, geht folgendes in mir vor. In Gedanken sage ich mir: „Ich bin verbunden mit der geistigen Welt, meinem höheren Selbst und der Quelle, die alles überwacht." Sofort verspüre ich eine Verbindung, die von oben durch meinen Scheitel in mich strahlt. Es zieht mich auch wie ein Magnet nach oben und erfüllt mich mit so viel Wärme, Geborgenheit, Glück und unendlicher Liebe. Ein wunderbares Gefühl.

Wie die Kommunikation mit der geistigen Welt also auch mit der jenseitigen Welt funktioniert, steht mir nicht zu, zu erklären. Dafür gibt es ganz viele Menschen, die eine fundierte Ausbildung gemacht haben und dies sicher einiges besser und genauer erklären können, als ich das kann. Dazu gehören mit Sicherheit Pascal Voggenhuber und Martina Camenzind.

Ich für meinen Teil habe einen guten Weg gefunden, wie ich für mich die Botschaften der jenseitigen Welt, meinem Geistführer und aber auch ganz wichtig, der Quelle (Gott), erhalten kann. Klar bin ich noch fest am Üben und mein Wunsch ist es, meine Technik zu verbessern, deswegen besuche ich ja auch den Übungszirkel und wer weiss, vielleicht ergibt es sich, dass ich eine Ausbildung in diese Richtung absolvieren kann.

Die Botschaft, dass wir Menschen viel mehr in der Freude leben sollten, nehme ich mir so gut wie möglich zu Herzen. Es fällt mir zwar oft eher schwer, wenn ich zusehen muss, wie meine Schwester und mein Schwager jeden Tag kämpfen, um nicht unter zu gehen. Trotzdem versuche ich so oft wie möglich in der Freude zu sein. Dies kann auch bedeuten, seine eigene Komfortzone zu verlassen. Ein kleines Beispiel. In den letzten Herbstferien besuchte mein Mann Rick, meine Tochter und ich einen grossen Vergnügungspark in Deutschland. Unser Hund Luke wurde in dieser Zeit von meiner Schwester liebevoll betreut. Da die vielen zum Teil verrückten Bahnen nicht wirklich was für mich sind, setzte ich mich ab und an auf eine Parkbank und wartete bis Rick und meine Tochter die Bahn gefahren waren. Einige Bahnen fuhr ich natürlich mit. Als wir dann bei einer Achterbahn mit Looping angelangt waren, wollte unsere Tochter Colleen unbedingt, dass ich doch mal mitkomme. Eigentlich sträubte ich mich, aber stellte mich dann doch mit ihnen in die Warteschlange. Während des Anstehens, schoss es mir durch den Kopf, dass Natalie auch mit dieser Bahn fuhr und dass sie deswegen mächtig stolz auf sich gewesen war. Ich erzählte dies Rick und Colleen. Für einen Moment waren wir alle drei still, jeder in seinen eigenen Gedanken. Als wir dann endlich beim Einstieg zur Bahn angelangten, war mir klar, das mache ich für Natalie. Ich setzte mich in den Sessel, atmete tief durch, verband mich mit der geistigen Welt und versuchte ganz locker zu sein. Ich nahm mir zu Herzen, was der geistigen Welt so wichtig ist, nämlich, habt Freude am und im Leben. Bevor es losging, sagte ich zu Natalie: „Das ist für dich mein Schatz" und los ging es. Mit hoher Geschwindigkeit starteten wir, in den Looping hinein, über Höhen und Tiefen, verdrehten uns und kamen total zerzaust am Ende zum Stillstand. Keine Ahnung wer mehr Freude hatte, meine Tochter, mein Mann oder ich, auf jeden Fall war es perfekt! Ziemlich am Schluss des Tages, wir waren eigentlich schon auf dem Weg den Park zu verlassen, standen wir vor der extremsten Bahn des Parks. So denke ich zumindest. Da sich die Wartezeit zum Anstehen nicht als all zulange erwies, wollten Colleen und Rick nochmals mit dieser Bahn fahren. Obwohl ich mir nicht wirklich sicher darüber war, ob diese Bahn mir guttut, stellte ich mich gemeinsam mit meinen zwei Lieben zur Warteschlange. Als wir am Ziel angelangt waren, schaute ich in das Gesicht von meiner Tochter und meinem Mann und sagte, dass ich es nicht packe und deswegen auf der Ausstiegsseite auf sie warten werde. Die beiden Gesichter wurden sogleich traurig. Als sich dann die Absperrungen öffneten und wir den Zugang zur Bahn bekamen, begab ich mich zur Ausstiegsseite. Dies tat ich aber nur um meinen Rucksack zu deponieren. Sobald ich mich umdrehte, um in der Bahn Platz zu nehmen, konnten es meine Zwei kaum glauben. Dieses Mal bewegte sich die Bahn zu Beginn sehr langsam, denn sie wurde zuerst dreiundsiebzig Meter hoch gezogen, um danach in beinahe freien Fall in die Tiefe zu stürzen. Als wir so langsam in die Höhe gezogen wurden, meinte mein Mann, ich solle die Aussicht geniessen! Mir war alles andere zumute, als dass ich die Aussicht hätte geniessen können. Oben angelangt, schoss mir wieder der Satz aus der geistigen Welt durch den Kopf, geniesse dein Leben! Mein Mann sagte noch:" Jetzt geht es los, nimm deine Arme hoch"! Es gab kein Halten mehr, ich riss meine Arme in die Höhe, streckte meine Beine nach vorne und schrie, was das Zeug hielt. Es war unglaublich! Unglaublich toll! Als das Gefährt wieder zum Stillstand kam, lächelte ich meine Tochter an und erklärte ihr, dass ich dies für sie getan habe, denn die andere Bahn sei ich für Natalie gefahren. Meine Tochter machte ganz grosse Augen und freute sich sehr. Wenn ich ehrlich bin, war ich schon ein wenig stolz auf mich. Zugleich aber plagte mich ein schlechtes Gewissen, denn mein Sohn wollte auch jedes Mal, wenn wir in diesem Park waren, dass ich diese Bahnen fahre. Dieses Mal aber konnte er nicht mit dabei sein, da er ja in Amerika weilte. Als ich meinen Zwei von meinem schlechten Gewissen erzählte, meinten sie, dass Jannik jetzt ja auch eine tolle Zeit habe und wenn wir das nächste Mal hier seien, könnten wir zu viert auf diese Bahnen gehen.

Also sie sehen lieber Leser, das ist ein Beispiel, wie die geistige Welt in den ganz normalen Alltag Einfluss nehmen kann. Es geht nicht darum immer in geregelten Bahnen unser Leben zu leben. Wir sollten uns auch getrauen etwas „Verrücktes" zu tun. Dieses „Verrückte" bedeutet für jeden etwas anderes. Ganz wichtig dabei aber ist, auf sich selbst zu hören. Um bei meinem Beispiel zu bleiben, wenn mein inneres Ich nicht bereit dazu gewesen wäre, hätte ich diese Bahnen nie betreten. Ich gab mir selbst das Recht, einmal etwas zu wagen, was ich mich noch nie zuvor getraut habe und die Menschen im Aussen (also in dem Fall meine Familie) niemals von mir gedacht hätten.

Wir schauen in unserem Leben zu sehr nach aussen. Was sagt meine Familie, was denkt der Chef, wie reagieren meine Nachbarn und, und, und. Der Fokus sollte vielmehr auf einen selbst gerichtet sein. Damit möchte ich natürlich nicht sagen, dass wir ein egoistisches Leben führen sollten, nein, aber wenn jeder etwas mehr auf sich selbst schauen würde und auf seine Bedürfnisse Rücksicht nehmen würde, wären wir um einiges zufriedener.

Wie oft sagen wir anderen, sie sollen sich selbst treu bleiben und selbst verbiegen wir uns in alle Himmelsrichtungen nur um niemanden zu verärgern, zu missfallen, zu kränken, zu stören, zu verunsichern oder ganz einfach um zu gefallen. Die Tatsache aber ist die, dass wir es nie allen im Leben recht machen können und auch nicht müssen! Also sollten wir vielmehr unseren eigenen Weg gehen. Solange wir dies nicht auf Kosten anderer tun, ist es unser volles Recht. So und nur so sind wir mit uns selbst im Reinen und somit im Frieden mit uns selbst. Wir urteilen durch das nicht mehr über andere, sondern lassen jeden seinen Weg gehen. So nach dem Motto: leben und leben lassen. Wenn jeder sein Leben nach diesem Prinzip ausrichten würde, hätten wir eine friedlichere Welt. Genau danach hatte Natalie ihr Leben ausgerichtet und so ganz vielen Menschen in ihrem Leben geholfen.

Also, die geistige Welt möchte uns Menschen mit auf den Weg geben, dass wir alles Mögliche ausprobieren, denn nur so können wir viele Erfahrungen machen. Es muss uns auch nicht immer alles gelingen, denn wir sind zum Lernen hier. Es gilt für uns Erwachsene das gleiche, wie wir unseren Kindern sagen, wenn wir uns ständig einreden, das kann ich nicht, dann können wir es auch nicht, so einfach ist es. Es ist heute auch bekannt, dass wenn wir sterben, wir das am meisten bereuen, was wir nicht getan oder ausprobiert haben. Also sollten wir nichts auslassen. Damit meine ich natürlich nicht, vom Hausdach zu springen oder so, sondern in gesundem

Masse. Halt einfach das Leben geniessen und mutig durch Türen schreiten, die sich einem öffnen. Leben ist Veränderung, auch wenn wir dies nicht immer wahrhaben wollen.

Natalie hat in ihren zehn Wochen in Australien Vollgas gegeben. Sie hat wirklich ihr Leben mit Hingabe gelebt. Durch ihre wunderbare Art hat sie ganz viele Menschen inspiriert und ihre Herzen berührt. Sie ging ihren Weg, hat dabei niemanden verletzt auch sich selbst nicht. Sie blieb sich selbst treu, sie war authentisch und genau dafür wurde sie von so vielen Menschen geliebt, bis heute.

Kapitel 22
Meine Erkenntnisse und Erfahrungen auf meinem Weg.

Die Menschen, die meinen Weg, also mein Schaffen mit der geistigen Welt, am meisten anfechten, finde ich oft in meinen engeren Freundes - und Bekanntenkreisen. Da gab es sogar jemanden, der behauptet, es wäre mein Fehler, dass meine Familie nicht weiter komme in der Trauerarbeit. Dass ich diejenige sei, die verhindere, dass wir (mein Mann und unsere Kinder) nicht loslassen könnten. Dieser Mensch hat offensichtlich Mühe mit mir, er betrachtet mich als jemand, der Unrechtes tut, jemand der gegen die Bibel handelt.

Ich denke aber, dass gerade diese Menschen aus Furcht so reagieren. Sie werden mit einer Situation konfrontiert, mit welcher sie nicht gerechnet haben und schon gar nicht wissen, wie sie damit umgehen sollen. Das was ich tue, ist für diese Personen ein „No-Go" und sie werden alles daran setzen, dass ich das auch so sehe, was ihnen aber nicht gelingen wird.

Meine Erfahrungen und das Wissen, welches ich in den letzten zwei Jahren mit und um die geistige Welt erfahren durfte, brachte mir eine klare Erkenntnis.

Egal wie oder was ich tue, es wird immer Menschen geben, die etwas daran auszusetzen haben. Ich habe für mich einen Weg gefunden, der mir hilft. Indem ich meinen engsten Familienmitgliedern davon erzähle, nehme ich sie ein Stück auf meinem Weg mit. Indem ich das tat und immer noch mache, konnte ich ihnen ein klein wenig helfen. Der

144

Schmerz, die tiefe Trauer, der immense Verlust, den Natalies Umzug in die geistige Welt ausgelöst hat, bleibt, aber das Wissen darum, dass es das Jenseits gibt und dass wir in Kontakt mit unseren Verstorben bleiben, tröstet.

Ich versuche jeden Tag aufs Neue, ganz bei mir zu sein, authentisch zu bleiben und nicht ins Verurteilen zu gehen. Bei manchen Situationen, in denen ich mich nicht wohl fühle oder wenn ich mich von anderen Menschen als ungerecht behandelt fühle, sprich mein Ego angesprochen wird, gehe ich in mich. Manchmal gelingt es mir aber auch nicht, trotzdem versuche ich es. Denn mir ist es wichtig zu erkennen, was die Situation beziehungsweise die Person mich lehren will. Durch das Reflektieren wird es mir möglich zu erkennen, ob es wichtig war für mein Weiterkommen oder eben nicht. Falls dies nicht relevant für mein Leben ist, kann ich es loslassen, falls es wichtig war, arbeite ich mit und an mir.

Ich finde es sehr schade, dass die meisten Menschen über andere reden und dies sehr oft nicht im Guten. Es wäre viel besser, wenn sich jeder mit sich selbst auseinandersetzen würde. Sich mal selbst fragen würde:" Wer bin ich?" Denn, ich bin mir sehr sicher, dass sich der grösste Teil der Bevölkerung sich seines wahren Seins nicht bewusst ist und sich somit auch nicht wirklich kennt. Würde jeder Einzelne sich mit seinem Innersten auseinandersetzen, könnte er auch seine Schattenseiten und seine Ängste erkennen. Im Aussen würde der Mensch sich mit diesem Wissen anders verhalten. Hinzu käme, dass die Menschen nicht mehr in ihrem Umfeld, also im Aussen den sogenannten Schuldigen suchen würden.

Ich behaupte nicht, dies sei einfach!

Wir sind geistige Wesen in einem physischen Körper. Wir sind hier auf Erden, um zu lernen und Erfahrungen zu machen. Für mich ist das die Wahrheit!

Kapitel 23
Was viele „Aussenstehende" nicht sehen...

Durch das Schicksal, welches meine Familie ereilt hatte, veränderte sich so unglaublich viel, was so nicht wirklich von aussen ersichtlich ist.

Da kommen zuerst die Ängste, dass sich die Eltern von Natalie etwas antun könnten. Dann die Angst, unser Sohn könnte Ernst machen und mit seinem Motorrad gegen eine Wand fahren, um bei Natalie zu sein. Auch ist es so, dass wir bis zum heutigen Tage keine Familienfeste wie Geburtstage, Weihnachten, bestandene Lehrabschlussprüfung oder ein gewöhnliches Grillfest mehr mit der ganzen Familie feiern können. Sobald die Familie zusammen kommt, halten es meine Schwester und mein Schwager nicht mehr aus, da der Schmerz über den Verlust von ihrer geliebten Maus zu übermächtig spürbar wird. Natalie war ein Familienmensch, sie liess es sich nicht entgehen an Familienzusammenkünften dabei zu sein.

Musik war für meine Schwester ein wichtiger Bestandteil ihres Lebens. Seit dem 5. November ist Musikhören jedoch für sie unerträglich. Ihre Emotionen werden zu sehr aufgewühlt. Die Melodien bringen sie zum Weinen, was bis heute zur Folge hat, dass nirgends in der Nähe von meiner Schwester ein Radio läuft und schon gar keine CD abgespielt werden darf. Da es gang und gäbe ist, dass Musik in den Einkaufsläden abgespielt wird, ist meine Schwester gezwungen, beim Einkaufen, Ohrstöpsel zu tragen. In ein Restaurant zu gehen war nicht auszudenken. Einfach mal wieder in St. Gallen shoppen gehen, war ausgeschlossen, eigentlich bis heute. Das Leben von meiner Schwester und meinem Schwager hat sich zu hundert Prozent gekehrt. Wo sie vor Natalies Tod unglaublich tolle Gastgeber waren und sich gerne und oft mit guten Freunden getroffen hatten, sind sie heute am liebsten nur für sich. Sie leben in ihrem geschützten Umfeld. Wenn sie ihr Haus verlassen, hoffen sie darauf, niemandem, den sie kennen, zu begegnen, da sie sich sonst mit Fragen oder Blicken des Mitgefühls konfrontiert sehen. Sie weichen allem aus, was von uns Aussenstehenden doch nur gut gemeint ist.

Auf die Frage wie geht es euch, können Daniela und Hännes nicht antworten, denn es geht ihnen immer schlecht. Man sollte vielmehr fragen, wie seid ihr gerade unterwegs? Im äussersten Fall vielleicht, wie geht es euch heute? Denn es kann sein, dass es ihnen gerade in diesem Moment einigermassen gut geht und im nächsten Augenblick geht gar nichts mehr.

Was ich sagen möchte ist, es gibt viele verwaiste Eltern. Sie alle kämpfen damit, weiter zu leben trotz des immensen Verlustes ihres Kindes. Also, wenn ihr ein solches Elternpaar kennt, egal ob in der Nachbarschaft, im Freundeskreis oder gar in eurer eigenen Familie. Urteilt nicht, denkt auch nie, dies oder jenes täte ihnen gut. Egal wie sie sich verändern, es ist absolut okay, denn sie müssen sich einer der härtesten, wenn nicht sogar der härtesten Lebenssituation stellen. Sie wurden nicht gefragt, sie haben keine Wahl! An alle da draussen, danke dass ihr diese Eltern einfach nur liebhabt, sie unterstützt wo sie's erlauben und sie ihren Weg gehen lässt, auch wenn es uns selbst schmerzt.

30.Noveber 2019

Vor zwei Jahren verliess unsere Natalie ihren so wundervollen Körper für immer. Wir können sie seit zwei Jahren nicht mehr in unsere Arme schliessen, dürfen nicht mehr in ihre wunderschönen, lieben Augen blicken, mit ihr unser irdisches Leben teilen. Wir wissen aber, dass ihr so liebes Wesen nach wie vor an unserer Seite ist. Sie gibt uns auf so viele Fragen klare und hilfreiche Antworten. Sie inspiriert uns in unseren Ideen. Sie unterstützt uns bei unserem Tun. Sie schenkt uns Liebe und Halt auf unserem weiteren Lebensweg und sie gibt uns Mut, nicht aufzugeben, denn wir werden uns wiedersehen.

Am Weihnachtsmorgen, also am 25. Dezember 2019 stand ich um 6.00 Uhr in der Früh auf.

Früher, als unsere Kinder noch klein waren, standen wir alle zusammen so früh auf. Wir feierten Weihnachten. Bei einem schön geschmückten Christbaum, einer heissen Tasse Ovomaltine für Jannik und Colleen, Kaffee für Rick und mich, selbstgemachten Weihnachtskeksen und der CD-Player spielte Weihnachtsmusik. Diese Zeit war schön und friedlich. Am Nachmittag trafen wir uns, also Daniela, Hännes, Natalie und wir vier, bei meinen Eltern. Da meine Mutter Engländerin ist und in England das Weihnachtsessen am 25. Dezember Tradition hat, bekochte auch meine Mutter uns jedes Jahr. Mein Vater half ihr dabei tatkräftig mit. Dieses Zusammenkommen war uns allen immer sehr wichtig. Natalie hat es geliebt.

Seit 2017 bleiben drei Stühle leer. Für meine Schwester und meinen Schwager ist es undenkbar am Essen Teil zu nehmen. Zu gross ist der Schmerz.

Dieses Weihnachten aber hielt die geistige Welt ein Geschenk für uns bereit.

Seit dem November 2017 ist sowieso alles anders. Weihnachten hat an Glanz verloren. Trotzdem versuchten wir Weihnachten so schön wie möglich zu feiern. Der Weihnachtsmorgen aber fiel immer aus. Bis zu diesem Jahr.

In einem Zirkel, den ich noch vor Weihnachten besuchte, bekam ich einen Kontakt von meiner Nana (Grossmutter mütterlicherseits) geschenkt. Ihre Botschaft an mich war, ich solle an Traditionen festhalten, nicht krampfhaft natürlich, aber doch fest. Sie sagte, es sei wichtig, dass wir unser Leben weiterleben und nicht alles über Bord werfen, sprich aufgeben.

Diese Botschaft nahm ich mir zu Herzen und schlug meinen drei vor, dass wir wieder am 25. Dezember Weihnachten feiern. Es müsse ja nicht um 6.00 Uhr in der Früh sein und die Musik lassen wir einfach weg. Das Echo, welches ich bekam, war sehr gut. Die Kinder und Rick befanden meinen Vorschlag als eine gute Idee.

Also, wie gesagt, stand ich am Weihnachtsmorgen um 6.00 Uhr auf. Ich nutzte die Gelegenheit allein ins Wohnzimmer zu sitzen, um mich mit der geistigen Welt zu verbinden. Während der Nacht lag ich sehr oft wach, dachte immer wieder an meine Eltern. Wie muss es ihnen doch schwerfallen, dass Daniela und Hännes nicht am Essen teilnehmen können.

Ich verband mich am besagten Morgen also mit der geistigen Welt und bat jemanden zu mir, der vielleicht etwas Wichtiges für die Eltern von Natalie zu sagen hat. Zuerst bekam ich Besuch von meinem Grandad (Grossvater mütterlicherseits). Er erzählte mir von einer Weihnacht, die schon einige Jahre zurücklag. An dieser Weihnacht wurde er überrascht. Meine Eltern flogen mit meiner Schwester, die damals noch ein Baby war, nach England. Mein Grandad (Grossvater) hatte keine Ahnung, dass sie kommen würden, um Weihnachten zu feiern. Er freute sich so sehr, dass er seine Tochter (meine Mutter) und seine erstgeborene Enkeltochter (meine Schwester) bei sich haben durfte. Als er mir so am Erzählen war, klinkte sich meine Nana (Grossmutter mütterlicherseits) in das Gespräch mit ein. Sie sprach von den Weihnachten, als meine Schwester und ich noch Kinder waren. Damals feierten wir oft zusammen mit meinen Cousinen und Cousins, Tanten und Onkeln. Es war immer sehr schön bis zu der Weihnacht, als ein Onkel von mir starb. Er hinterliess meine Tante und drei Kinder. Dieses Weihnachten war auch sehr traurig, trotzdem hatte sich die ganze Familie immer wieder getroffen, auch wenn wir nur geweint hatten. Die darauffolgenden Weihnachten an denen wir in England weilten, waren nach wie vor sehr schön, aber es gab immer mal wieder Momente, in denen meine Cousinen und mein Cousin um ihren so schmerzlich vermissten Dad weinten. Natürlich sank daraufhin die gute Stimmung, was aber nie ein Grund gewesen wäre, nicht mit ihnen zusammen zu sein. Im Gegenteil, wir alle hätten nicht ohne meine Tante, meinen Cousin und meine Cousinen sein wollen. Dies alles erzählte mir meine Nana, um mich daran zu erinnern und damit ich diese Erinnerung mit meiner Schwester teilen kann. Nana sagte mir dann auch noch, dass wir ja nicht wissen, wie lange wir noch die Chance hätten, um gemeinsam das Weihnachtsfest zu feiern im Speziellen mit unseren Eltern. Während des ganzen Jenseitskontaktes stand Natalie mit dabei, so als ob sie ihre Big Nana (Urgrossmutter) und ihren Big Grandad (Urgrossvater) bei ihrer Aussage unterstützen wollte.

Nachdem ich mich bei den Dreien bedankt und mich auch wieder von ihnen verabschiedet hatte, musste ich ziemlich heftig weinen, aber ich war auch mit Dankbarkeit erfüllt. Sofort sprach ich die Botschaft von meinen Lieben aus der jenseitigen Welt auf mein Diktiergerät in meinem Mobile Phone. Kurz darauf erschien mein Mann Rick im Wohnzimmer und war völlig überrascht. Er fragte mich, weshalb ich denn schon so früh aufgestanden wäre und ob es mir gut ginge. Da erzählte ich ihm, was ich gerade erlebt hatte und dass ich diese Botschaft nun an Daniela und Hännes schicken werde mit der Bitte, ob sie es sich vielleicht nicht doch noch überlegen könnten, bei unserer Mum und Dad vorbei zu kommen. Sie könnten ihnen auf diese Weise das grösste Geschenk machen und ihnen einen Moment des Glücks schenken. Wir alle wissen, wie sehr sie ihre Maus in ihre Arme schliessen möchten. Ich bat Daniela und Hännes, diese liebevolle Umarmung Mum und Dad zu schenken.

Als ich dies alles per WhatsApp an meine Schwester schickte, war ich mir nicht sicher, wie sie darauf reagieren würde.

Kurze Zeit später rief mich meine Schwester per Telefon an. Sie war sehr gefasst und berichtete mir, dass dies ganz speziell sei, denn sie hatte am Vortag genau die gleichen Gedanken gehabt wie die, die ich ihr als Botschaft überbringen durfte. Und aufgrund dieser Übereinstimmung gehe sie davon aus, dass es aus Sicht der geistigen Welt wichtig sei, dass sie und Hännes zu unseren Eltern gehen sollten. Daniela meinte dann, dass sie aber nicht zum Essen bleiben würden, sondern einfach zu einem kleinen Apéro. Ich war ausser mir vor Freude! Wir behielten aber alles geheim, denn es sollte eine Überraschung für unsere Eltern werden.

Da meine Schwester keine Musik und schon gar keine Weihnachtsmusik ertragen konnte, fuhren wir vier etwas früher los und sorgten dafür, dass die Musik aus war. Als es dann an der Türe meiner Eltern klingelte, waren unsere Eltern total erstaunt, da sie natürlich Niemanden erwarteten. Die Freude in ihren Gesichtern zu sehen war auch für mich das grösste Geschenk überhaupt. Daniela und Hännes blieben für eine kurze Weile und immer und immer wieder sagten unsere Eltern, wie sehr sie sich darüber freuten. Auch noch als Natalies Eltern wieder gegangen waren, waren meine Mum und mein Dad neben sich vor Freude. Sie konnten ihr Glück fast nicht glauben. Es war wie ein Wunder! Ein Wunder zu Weihnachten, welches uns alle mit Dankbarkeit erfüllte.

Seit diesen Weihnachten durfte ich immer wieder einige solcher Momente erleben, erfahren in der sich Synchronizitäten ereigneten, die einfach unglaublich waren oder sind. Und so werde ich immer wieder darin bestärkt, meinen Weg weiter zu gehen. Mich nicht von Menschen, Situationen, Umständen oder sonst irgendetwas beirren bzw. verwirren zu lassen. Ich vertraue der geistigen Welt, meinem höheren Selbst (inneres Wissen) und der Quelle, von der wir alle kommen und zu der wir auch wieder zurückgehen. Ich habe meine Wahrheit gefunden und dafür bin ich unendlich dankbar.

153

Der Ozean zog Natalie magisch an. Delfine und Wale erweckten schon seit klein auf ihre volle Aufmerksamkeit. Ihr war sehr wichtig, dass die Meerestiere geschützt werden und sie wurde richtig krank, wenn sie von Tieren hörte, die in Fischernetzen verendeten oder an Strände gespült wurden, von denen sie nicht mehr wieder freikamen.

Hier möchte ich ihnen, liebe Leser, ans Herz legen, etwas für unser aller Wohl zu tun. Zugleich ist es für mich eine Gelegenheit meinem Patenkind Natalie eine Freude zu bereiten.

Da gibt es zwei Organisationen, die wundervolle Arbeit leisten, die der ganzen Menschheit dient. Sie kümmern sich mit vollem Engagement um unsere Ozeane und die Bewohner darin. Beide Organisationen sind auf Spendengelder angewiesen, um ihre Arbeit ausüben zu können.

Die erste Organisation
:
Foundation for
information and
research on
marine
mammals

Kurz genannt firmm. Die Gründerin dieser Organisation kommt aus der Schweiz und hat sich zum Ziel gemacht, Meerestiere in der Strasse von Gibraltar zu schützen. Sie macht dies mit vollem Einsatz und mit ganz viel Liebe zu diesen Tieren. Zudem klärt sie Menschen darüber auf, was jeder Einzelne tun kann um mehr Verantwortung gegenüber unseren Ozeanen zu übernehmen.

Die Adresse lautet:

Firmm España   Phone : +34 956 62 70 08
Pedro Cortés 4   Mobile : +34 619 45 94 41
E-11380 Tarifa   E-Mail: mail@firmm.org
Spain

www.firmm.org

Die zweite Organisation:

OceanCare   Phone: +41 (0) 44 780 66 88
Gerbestrasse 6   www.oceancare.org
Postfach 372
8820 Wädenswil

Diese Organisation kämpft genauso für die Meeresbewohner und unsere Ozeane. Mit vielen verschiedenen Anlässen bringen sie andere Menschen
dazu, einen Beitrag zu leisten, der dem ganzen Pla-
neten hilft.

Epilog

Zuerst war da eine Vision von einem Niederschreiben meines Weges. Daraus entwickelte sich mein Wunsch ein Buch zu schreiben. Selbstzweifel, ob ich überhaupt im Stande sei dies umzusetzen, hinderten mich aber daran.

Die geistige Welt liess aber nicht locker und so stiess ich immer wieder auf Werbeblöcke in denen nach neuen Büchern gesucht wurde oder nach Neuautoren. Oft, wenn ich gar nicht ans Schreiben gedacht habe, erschien ein Verlag am Bildschirm. Teilweise wurde ich richtiggehend auf Plattformen für verschiedene Verlage geführt. Auf diesen Seiten konnte ich dann nachlesen, was es alles benötigt, um ein Buch zu schreiben und es anschliessend zu veröffentlichen. Der erste Schritt bestand darin, dass ich einfach mal anfing mein Erlebtes aufzuschreiben. Jeder Anfang ist schwer, das kennen wir alle. Da zu Beginn des Buches die Geschichte aber so traurig beginnt, brauchte ich jedes Mal sehr viel Energie und Zeit, ein paar Zeilen zu schreiben. Immer wieder sank ich in diese traurige, schwere Energie, die es mir zeitweise verunmöglichte weiter zu schreiben. Trotzdem gab ich nicht auf, denn meine Geschichte, mein Weg sollte niedergeschrieben werden, um Menschen zu helfen, die Ähnliches erleben wie ich. Schritt um Schritt summierten sich die vollgeschriebenen Seiten, sodass ein Buch vor meinen Augen entstand. Wenn ich nicht mehr weiterkam, bat ich die geistige Welt mich zu unterstützen. Es kam öfters vor, dass mir während des Spazierengehens mit Luke, Ideen geschenkt wurden, wie ich weiterschreiben könnte.

Ein paar Wochen vor Weihnachten 2019 legte ich mein Projekt, also mein Buch vorerst mal zur Seite. Der Energieaufwand, um zu schreiben war so immens, dass ich Prioritäten setzen musste. Die Familie, das ganze Drumherum brauchte meine Kraft sprich Energie dringender als das Buch. Trotz der Traurigkeit war mir wichtig, eine warme, friedliche und schöne Adventsstimmung ins Haus zu zaubern.

Im Januar nahm ich das Schreiben wieder auf. Als ich soweit fertig war, schickte ich das unkorrigierte Manuskript an Pascal Voggenhuber und Martina Camenzind mit der Bitte, mir zu erlauben ihre Namen in meinem Buch zu verwenden. Zuerst dachte ich eigentlich das Geschriebene zur Korrekturlesung zu schicken. Da ich aber immer wieder den Impuls bekam, das Manuskript einfach mal los zu schicken und nicht immer wieder hinaus zu zögern, machte ich dies. Ich schrieb ein Exposee und eine Autoren-Vita und schickte alles zusammen an verschiedene Verlage.

Zu meinem Erstaunen interessierte sich sehr schnell ein Verlag für mein Werk. Nach der ersten Freude darüber, folgte aber schon kurz danach die grosse Enttäuschung. So müsste ich zuerst recht viel Geld in die Hand nehmen, welches ich aber nicht besitze, um die Kosten für den Druck meines Buches und die Arbeit die damit verbunden wäre zu decken. Also lehnte ich dankend ab. Nicht lange nach meiner Absage erreichten mich zuerst ein Mail und kurz darauf ein Telefonat. Ein Partnerverlag, der im Self Publishing Bücher verlegt, bot mir an mein Buch zu veröffentlichen. Ich sprach lange mit einer sehr netten und verständnisvollen Frau am Telefon. Irgendwie aber, überzeugte sie mich nicht. Da war etwas, was mich beunruhigte. Und, ich wollte meine Rechte an meinem Buch auf keinen Fall verlieren. Dieses Buch, meine Geschichte, ist mir zu Persönlich als das ich die Rechte dafür einfach aufgebe. Also musste ich mich nach einer anderen Möglichkeit umsehen. Einmal mehr lies ich mich von der geistigen Welt führen und wurde fündig. Vielen Dank!

Ich habe meine Vision manifestiert. Ein Andenken an mein geliebtes Patenkind Natalie.

Danke sagen möchte ich:

Natalie für ihr so liebes Wesen. Dafür, dass sie uns nach wie vor begleitet und uns durch ihren Erdentod die Augen geöffnet hat.

Meiner Familie dafür, dass sie mich nie belächelt oder als verrückt erklärt hat. Für ihre Akzeptanz darüber, dass ich mich verändert habe. Dafür, dass sie mich meinen Weg gehen liessen, der ihnen im Endeffekt auch selbst geholfen hat.

Pascal Voggenhuber für seine Bücher, in denen er sein Wissen weitergibt. Für den Jenseitskontakt, den er mir von Natalie schenkte und mir somit Klarheit brachte. Auch dafür, dass er mir erlaubt hat, seinen Namen in meinem Buch zu erwähnen.

Martina Camenzind für ihre liebe Art den Übungszirkel zu führen. Für ihr Engagement uns Schüler weiter zu bringen und unsere Sinne zu stärken. Für die vielen Beweise, die sie gebracht hat, welche mir heute erlauben meinen Fähigkeiten zu vertrauen. Auch dafür, dass sie mir erlaubt hat ihren Namen in meinem Buch zu erwähnen.

All denjenigen, die mich bewusst oder unbewusst auf meinem Weg begleitet haben.

Mein Buch beinhaltet bestimmt viele Rechtschreib-und Grammatikfehler. Ich aber sage mir, es kommt nicht so sehr auf die korrekte Schreibweise an, vielmehr auf den Inhalt beziehungsweise auf die Botschaft des Geschriebenen. Nehmt mit was ihr gebrauchen könnt and leave the rest behind....

Vielen Dank an alle, die dieses Buch gelesen haben.